更生に資する弁護

髙野嘉雄弁護士追悼集

奈良弁護士会［編］

現代人文社

高野嘉雄弁護士

更生に資する弁護

髙野嘉雄弁護士追悼集

● まえがき

「髙野さん」

　私は、髙野嘉雄会員を「髙野さん」と呼ばせていただいていました。
　司法修習の期でいうと20期以上もちがう大先輩でした。しかし、刑事弁護委員会では「せんせい」と呼ぶのはやめようという風潮があります。髙野会員は、私から「髙野さん」と呼ばれても、まったく意に介していませんでした。
　髙野さんは、最後まで、奈良弁護士会の活動に積極的に参加するとともに、若手弁護士や司法修習生の育成に尽くしてこられました。

＊

　髙野さんは、刑事弁護について、決して妥協を許さないhardな弁護人でした。
　しかし、少年にしろ成人にしろ、罪を犯した人々に対して、やさしい弁護人でした。
　どうして、髙野さんのようにしっかりした弁護人が、そんなにやさしくなれたのか。それは、髙野さんが、卓越した感性と豊かな想像力を持ち合わせていたからです。
　髙野さんは、物事の本質をズバッと貫くような切れ味鋭い感性をもっていました。
　些細なことや枝葉の事実に惑わされることなく、事件や出来事の肝心要を見通す眼力を身につけていました。
　髙野さんから指摘されて、ハッと気づかされたことがたくさんありました。

また、人間の本性を理解していた人でした。

　髙野さんは、その深い思索に基づいて、豊かな想像力を働かせて、なるほど！と納得させられる見識を示されました。

　われわれ弁護士は、司法試験を合格した最低限の法的知識はあります。しかし、弁護士が、人間や社会を理解する感性や、人の心や行動を推し量る想像力を身につけているとは限りません。

　髙野さんの感性と想像力は、抜きん出ていました。

　その感性と想像力は、髙野さんの生き様からもたらされたものだったのでしょう。

＊

　髙野さんが、弁護人として、付添人として、活動した記録であるこの本には、髙野さんの感性と想像力が満ちあふれています。

　この本を読んで、髙野さんの弁護活動に触れるとき、髙野さんは読者のみなさんの中で生きつづけているのです。

朝守令彦（奈良弁護士会所属）

目次

まえがき　朝守令彦 ……………………………………………… 2

第1部　更生に資する弁護と髙野嘉雄弁護士

【座談会】更生に資する弁護の意義とその継承 ……………… 9
後藤貞人・東尾龍一・内橋裕和・古川雅朗・
小椋和彦・三森輝久・宮坂光行

【インタビュー】刑事弁護人列伝・髙野嘉雄 ………………… 51

「更生に資する弁護」から「治療的司法」へ　指宿 信 …… 63

第2部　更生に資する弁護の実践

【ケース1】クレプトマニアに対する弁護活動 ……………… 79
【ケース2】少年の更生に付き添う弁護活動 ………………… 112
髙野嘉雄語録 …………………………………………………… 131

第3部 更生に資する弁護
（髙野嘉雄論文集）

格闘から生まれる情状弁護 ……………………… 159
子どもたちのおかれた状況 ……………………… 169
死刑事件の弁護活動 ……………………………… 189
更生に資する刑事弁護―生き直しの場としての裁判 ……… 197

髙野嘉雄略年譜 …………………………………… 221

あとがき …………………………………………… 222

＊個々の事件の引用に際しては、プライバシーに配慮しました。

第 1 部

更生に資する弁護と
髙野嘉雄弁護士

◎座談会

更生に資する弁護の意義とその継承

●出席者

後藤　貞人　弁護士
東尾　龍一　裁判官
内橋　裕和　弁護士
古川　雅朗　弁護士
小椋　和彦　弁護士
三森　輝久　毎日新聞記者
宮坂　光行　弁護士（司会）

2012年6月16日　於：奈良弁護士会館

◎目次◎

1　髙野嘉雄弁護士との出会い
2　髙野さんの弁護活動の思い出
3　髙野さんの弁護活動は裁判所にどう影響を与えたか
4　髙野さんの活動は社会にどう影響を与えたか
5　「更生に資する弁護」と刑事弁護人の役割
6　「更生に資する弁護」の継承

司会　髙野嘉雄弁護士は、2011年9月13日亡くなられました。享年64歳でした。髙野弁護士は、1974年に大阪弁護士会に登録してから、これまで甲山事件、狭山事件、スモン薬害裁判などの弁護団に加わり、弁護活動を続けていましたが、1993年に奈良弁護士会に登録替えをしてからは、とくに情状弁護

に熱心に取り組んでまいりました。そこで、本日は、「更生に資する弁護」というテーマで、髙野さんの業績をふりかえるとともに、髙野さんの残されたものをどう継承していったらよいかを話し合いたいと思います。

私は、髙野さんには数え切れないほどいろいろお世話になったんですが、きょうは司会を務めさせていただきます。よろしくお願いします。

まずはじめに、自己紹介を兼ねて髙野さんとの関係をお話しいただきたいと思います。

1　髙野嘉雄弁護士との出会い

後藤　髙野さんは私の1期上の26期で、1974（昭和49）年に弁護士になられました。修習生のときから、大阪弁護士会に1期違いの暴れん坊の3野がいると聞いていました。3野とは、髙野嘉雄、上野勝、浅野博史の3人です。みんなやんちゃで、一番やんちゃが髙野さんだと聞いていました。

髙野さんはスモン薬害弁護団に所属していました。私が1975年にその弁護団に入ってから一緒にずっと活動しました。弁護団会議や街頭活動で1週間に3、4回は会うこともありました。その中で彼の言動をつぶさに見ることができました。

被告の製薬会社に対して、デモをしたり、座り込みもしました。そこで十数名、20名近くいる代理人弁護士の中で一番よく覚えているのは髙野さんの活躍です。彼は修羅場でもっとも生き生きとする人間なんです。私の印象を一言で言うと、彼は天才的なけんか上手です。我々の職業は、ある意味では、相手方代理人、あるいは検察官とのけんかをくり広げる職業です。その修羅場で髙野さんの天分が発揮されるという場面を、私はいくつも見てきました。そういうことをまた後で紹介します。

東尾　現在、京都の向日町簡易裁判所で裁判官をしています。今（2012）年の3月までは大阪高等裁判所の刑事部に所属していましたが、3月に判事をやめて先ほどの職に就いています。

髙野さんとの関係は、2001（平成13）年5月に私が奈良に着任してから

で、それほど長いものではありません。2003（平成15）年12月まで奈良地裁で勤務していたのですが、その間に髙野さんが刑事弁護人として、あるいは少年の付添人として活動しておられ、その関係で知り合いになりました。

そういった公的な面のほか、修習生の懇親会等の飲み会でお話をしたり、あるいは個人的にも友人の子どもの非行について相談に乗ってもらったりもしておりました。

髙野さんとの関係で、一番記憶に残っていることがあります。ある少年の処遇を考えて裁判所の中の廊下を歩いていた際に、髙野さんとすれ違ったんです。そのときに、髙野さんが深いため息をつかれた。裁判官は少年から離れたところにいますし、少年から直接話しを聞くのは審判廷に限られています。私はそのときは１人の少年の処遇についてだけ悩んでいただけですが、髙野さんはたくさんの少年と身近で接触されていて、しかも、できるだけ少年たちに寄り添っておられていた。そういった精神的な負担はたいへん重いものがあり、それが深いため息に出たんだろう、たいへんなんだろうなと感じたのを覚えています。

内橋　31年前に私は奈良県の南のほうで、「即独」をしたので、当時は全く仕事がありませんでした。甲山事件の弁護団に入れていただいて、初めて髙野さんと知り合うようになりました。最初に出会ったときから「あほ、ぼけ」とばっかりを言われてきました。おそらく弁護士の中で「あほ、ぼけ」と一番言われたのは私ではないかと思います。

仕事がなかったときに、髙野さんは労働組合や会社の顧問先があったので、奈良の南の事件は、「内橋一緒にやろう」とよく誘ってくれました。着手金も報酬も全部半分くれたんです。「なかなか景気のええ人やな」と思いました。一緒に仕事をやらせてもらううちに、田川和幸先生が弁護士から裁判官に任官するにあたって、事務所を引き継いで任官を終えたときに戻ってくるまで、事務所を維持してくれる人はいないかと探しておられたので、私が髙野さんにお願いしたら、快く引き受けていただいた。それが奈良へ来ていただいたという経過です。

後藤貞人（ごとう・さだと）

1947年、大阪府生まれ。1969年、大阪大学卒業。司法研修所第27期修了。1975年、弁護士登録（大阪弁護士会）。主な著作に、『絞首刑は残虐な刑罰ではないのか？』（分担執筆、現代人文社、2011年）、『公判前整理手続を活かす〔第2版〕』（分担執筆、現代人文社、2011年）、『実践！ 刑事証人尋問技術』（分担執筆、現代人文社、2009年）、『裁判員裁判における弁護活動』（日本評論社、2009年）などがある。

　髙野さんとは民事事件を何件も相手方でやりましたが、ほとんど私の勝ちでした。刑事事件は優秀だったけど、民事事件はだまされやすい人でした。相手方の代理人の言うことも非常に真に受けて下さって、ほとんど勝訴的和解をしたことが何度もありました。私の稼ぎに貢献していただいた1人です。

　刑事事件も、髙野さんとは数限りなく一緒にやりましたが、印象に残るのは月ヶ瀬事件です。髙野さんが涙ながらに被告人質問をするのを見て育てられました。それから、生コン会社の労働事件のときに、「内橋、今からストライキを指導しに行く」「どこが一番ええかを知ってるか。生コンは車がとまったらコンクリートが固まるさかいに、道の一番細いところを選んで今からストライキに行く」と言って、朝5時ぐらいに来いと言われて行ったことがあります。生コン車が今からストライキに入りますと言って、生コンを車に積んだままストライキに行きました。そうしたら、あの当時の会社側になかなか手ごわい労務管理屋がいて、私と髙野さんは、彼らに暴行を振るったとして刑事告訴をされたこともあります。そういうまさに、後藤さんがおっしゃっていた修羅場での教育をさせられました。

　本当に厳しい人でした。私の同期の弁護士でも、髙野さんにいろいろ言われて円形脱毛症になって、弁護士なんて続けられないと言っていた弁護士もいます。しかし、今では、おれは髙野の弟子だと言って頑張っています。私は髙野さんからあらゆることを教わった1人だと思っております。そのうち、「おっさん」と呼ぶことも許してもらえました。たまに一緒に釣りにも行きました。釣りは下手でしたが、酒ばっかり飲んでいましたね。

古川　私は実務修習地が奈良でして、かつその弁護修習の指導担当が髙野さん

東尾龍一（ひがしお・りゅういち）

1952年、兵庫県生まれ。1976年、東京大学卒業。司法研修所第30期修了。1979年、判事補任官。1989年判事任官。名古屋地方裁判所、大阪地方裁判所、奈良地方裁判所、京都地方裁判所、神戸地方裁判所、大阪高等裁判所などを経て、現在、京都向日町簡易裁判所判事。

だったこともあって、そのまま事務所に入れていただきました。2000（平成12）年10月に、南都総合法律事務所に登録させていただいて以降、亡くなるまで約11年間、そばにいました。しかし、私が弁護士になった直後以外はほとんど一緒に事件をすることはなくて、むしろ、髙野さんの弁護活動を横で見ているとか、あるいは刑事弁護について、お互い泥酔しながら議論をするということで学ばせてもらいました。

　私が修習生のときに、髙野さんがよく言っておられたことがあります。無実の人を無罪にするのは当たり前で、情状弁護に刑事弁護の真髄があるということでした。それまでの私は、まだ未熟でして、刑事弁護に対して、国家権力に対峙して冤罪を救済するという、非常に一面的な見方しかなかったわけです。しかし、髙野さんにそう言われて、そういう側面もあるんだなということを修習生のときに、遅まきながら気づかされました。修習で指導を受け、かつ、その後、同じ事務所でいろいろ教えてもらったということが、私の弁護士としてのキャリアの上で本当に貴重な財産だと思っています。

小椋　髙野さんと知り合ったのは、5年ほど前で、私が龍谷大学の法科大学院にいたときでした。龍谷大学法科大学院のエクスターンシップの受け入れ弁護士事務所として、南都総合法律事務所が登録されていまして、そこに私の友人が髙野さんのもとで勉強を始めたんです。髙野さんが私の友だちを教えている中で、龍谷の法科大学院生は余り勉強ができないのではないかと心配して、「ちょっとおれがゼミをしてやるから、毎月事務所に来い」と友人を呼び寄せました。髙野さんは「せっかくだからもう少し友だちも誘え」と言われたので、私が友人に誘われて髙野塾に参加したということ

内橋裕和（うちはし・ひろかず）

1951年、兵庫県生まれ。1975年、早稲田大学卒業。司法研修所第33期修了。1981年、弁護士登録（奈良弁護士会）。1999～2000年奈良弁護士会会長

で知り合いになりました。

　髙野塾は刑事訴訟法のゼミで、内容としては答案練習です。私たちが司法試験の論文答案を書いて、それを添削して解説するというのを毎月1回3時間ほど南都総合法律事務所で開いていただきました。全くの無償で、しかも1カ月当たり大体40通以上の答案を髙野さんは採点してくれました。本当に、何でここまでしてくれるんだろうと、私たちでも不思議に思って一度聞いたことがあったんです。そうしたら、「おれは偏差値が高い学校で、エリート志向の法曹よりも、君らのような、どちらかというと泥臭い、余りできのよくない人たちに法曹になってほしい」と目の前で言われました。さらに「おれは違うけども、おまえらはできが悪いかもしれんが頑張ってほしい」と「そいつらが法律を変えていくんだ」と熱く言われました。すごい響くものがあったんです。

　たいへん親身になって法律を教えてくださいました。しかもその後、必ず飲みにも連れていってくださいました。そのとき、司法試験に合格したら事務所に来いよと言っていただきまして、南都総合法律事務所に入りました。髙野さんのもとでイソ弁として髙野さんが亡くなるまでの1年間ほど刑事、民事事件を一緒にさせていただきました。生の仕事っぷりを見せていただきました。その1年間は髙野さんが病気で一番しんどかった時期だ思います。本当に死力を尽くして刑事弁護をやっている姿を間近で見られたことは、今後の私の弁護士生活にとって大きな糧となるものと思います。

三森　私は1989（平成元）年10月に毎日新聞に入りました。奈良支局に1993（平成5）年10月に転勤で来まして、4年半、1998年3月まで奈良支局にいま

古川雅朗（ふるかわ・まさあき）
1972年、埼玉県生まれ。1995年、慶應義塾大学卒業。司法研修所第53期修了。2000年、弁護士登録（奈良弁護士会）。

した。その1993年10月に赴任したときに、事件担当をやれと言われて、そこから髙野さんとのつながりができていくんです。

　髙野さんは新聞記者を育てようとして、実際に育てられた弁護士でした。私もその中の１人で、髙野さんが担当された事件ではないのですが、私が事件担当だったときに、40歳の沖縄出身者が起こした事件がありました。彼は嘉手納基地の黒人軍属と沖縄女性の間に産まれたハーフで、少年のころから事件を繰り返して、20年ほど塀の中にいたのですが、その彼が奈良で事件を起こして逮捕され、起訴されました。その事件を「マークしろよ」と、きちんと取材しろよと私に言ってくれたのが髙野さんでした。弁護を担当したのは奈良弁護士会の宮尾耕二弁護士で、宮尾さんもその事件の背景がよくわからなくて、髙野さんにどうすればいいかと相談されていたのです。髙野さんが情状鑑定を裁判所に申請してはどうかとアドバイスされて情状鑑定が実施されました。私は髙野さんからはその段階で「マークしろ」と言われたのですが、その後の展開は髙野さんが言う通り、事件の大変な背景、沖縄の過酷な戦後史があぶり出されていきました。

　裁判では、彼が黒人とのハーフとして大変な差別の中で生きてきて、それを自分の中に抱え込み、だれにも言わずに生きてきて、まじめな自分とだめな自分の二つの自己像を抱えながら生きてきたという、彼の半生がわかってきました。私はその事件を機に、沖縄のことを学ぶようになるのですが、髙野さんは事件や裁判の取材対応だけでなく、記者として何をするべきなのかということをきちんと教えてくれる、そういう弁護士でした。

　私も「ばーか」と髙野さんに言われ、ほかの新聞記者もだいたい言われていましたが、そうやって悪態をつきながらも、髙野さんは記者を育てよ

宮坂光行（みやさか・みつゆき）
1974年、大阪府生まれ。1997年、京都大学卒業。司法研修所第51期修了。
1999年、弁護士登録（奈良弁護士会）。

うと温かい目で見てくれていたのだと思います。本当にかけがえのない方でした。

2　髙野さんの弁護活動の思い出

司会　次に、髙野さんの刑事弁護全般の思い出に絞って、もう少しお話をいただければと思います。

後藤　私は髙野さんとは非常に多くの接点がありました。しかし、刑事弁護に限ると、共犯事件や捜査段階のごく一部を髙野さんと一緒にしたことはありますが、同じ事件を長く一緒にやったことはないんです。甲山事件には私も弁護人として加わり、一緒にやっていたんですが、途中で私が別の事件の関係で外れました。そのため一緒にこういう重大事件をやったという思い出を語ることができません。彼が亡くなる前にも重大事件を2人で一緒にやりたいと話したことがあるんですが、それが果たせなくて、非常に残念です。それでもすぐに思い出すことがあります。

　最初に刑事事件で彼と一緒に行った場面は非常に印象深いものがあります。私が弁護士になって1年目か2年目ぐらいです。公安事件で、内容ははっきりとは憶えていませんが、労働組合員の公務執行妨害か何かの事件でした。勾留理由開示公判でのことです。奈良地裁の、たしか私の記憶に間違いがなければ田尾さんという裁判官でした。3人の弁護人が既についているところに、髙野さんと私が追加選任されてその法廷に乗り込んでいったんです。

　裁判所は追加は認めないという方針でした。傍聴席は満席でした。法廷

三森輝久（みもり・てるひさ）

1966年、大阪府生まれ。1989年、関西大学卒業。1989年毎日新聞社入社。1993年〜1998年、毎日新聞奈良支局勤務。那覇支局長を経て、現在、毎日新聞西部本社報道部副部長。

の中に強引に2人で入って、追加を認めろと言ったんです。しかし裁判官はそれを認めず、私たち2人にバーの外へ出ろと言ったんで、しかたなくバーの外へ出たんです。バーの外へ出て傍聴席から、また、裁判官けしからんとかやりました。そうすると今度は、裁判官が退廷命令を出した。それでも2人でわあわあ言ってたんです。そうしたら、「拘束退廷」と言うんです。拘束して退廷させろということです。4人の廷吏が来て、そのうち2人に私は両わきをつかまれて、法廷の外だけでなく、裁判所の外まで出されました。

　私はすぐに連れ出されたのですが、髙野さんは、廷吏が彼の腕をつかまえる寸前に裁判長に向かって、激しく何かを言い始めたんです。裁判長に対する発言をし始めたもんだから、隣まで来ていた廷吏が髙野さんの腕をつかむのを躊躇したんですね。私が引っ張っていかれているときに、後ろを見たら、彼は裁判官に向かって言い終えるや、さっと方向を変えてすたすたと自分の足で出てきたんです。それで、いや、これはすごいもんや思いました。

　もう一つも刑事事件です。髙野さんと一緒にいた時に彼の依頼人であるやくざの人から接見依頼がありました。警察にひどい取調べを受けているようでした。私は、彼のケンカの仕方を知りたかったものですから、髙野さんに録音してくれと頼んだのです。

　彼は可視化してくれました。何を可視化したかというと、警察官とのけんかの状態を可視化したのです。後で録音テープを聞いてびっくりしました。髙野さんが「おまえ、何しとんねん」と言ってるわけです。相手は警察官です。「おれのかわいい依頼人に何したんじゃ」。書類をつかんで警察

官の頭に振りおろす格好をして「おまえこうやったやろ」とかやっているのが分かります。警察官は「先生やめて下さい」とか言っていました。そういう様子が物すごくリアルに録音テープに入っていて、なるほど、けんかはこういうふうにするもんかと思ったんです。

　それから後に、私も同じようにひどい取調べを受けたという人がいたので、あのときの髙野さんを思い出して一遍やったろうと思いました。それで接見室でひどい調べを受けましたというのを聞いた直後に、調べ室のある刑事部屋に行って、見当をつけて調べ室の扉をあけた。被疑者が弁護人との接見を終るとすぐ調べ室にもどされることがあるので、いきなり扉を開けたのです。そして、「おまえら何すんねん」と言ったんです。そしたら即座に刑事に押し出されてしまいました。やっぱり、けんかにはタイミングというか、迫力というか、オーラというか、何かそういうものが要るんです。まねしても同じようにできませんね。

　それから依頼人に対しても非常に厳しかった。甲山事件の山田悦子さんが今でも言われますね。一番怖かったのは警察官でも、裁判官でもない、髙野さんだと。

　彼女は徹底的に事実を聞かれ、問いただされたというんです。普通の弁護人はそこまで聞かなかったけども、髙野さんはそのときどうした、なぜそうしたか、その次にどうしたか、そのときに何があったかと、細かいところまで聞いて、聞いて、聞きまくった。だから、一番怖かったと言うんです。闘う際には足元ときちっと固めなければならない、ひとつでも事実をおろそかにしないで徹底的に調べるというのが彼の非常にすぐれたところだと思います。

司会　東尾コートでは、髙野さんがけんかを売ってきたことはなかったんですか。

東尾　それはないですね。髙野さんの刑事弁護活動、あるいは少年事件の活動で思い出に残っていることは二つあります。

　一つは、刑事事件で、髙野さんは被告人に手紙を自分あてに書かせることがよくありました。おそらく犯罪の内容とか、家族に対する思いとか、

小椋和彦（おぐら・かずひこ）

1984年、大阪府生まれ。2009年、龍谷大学法科大学院卒業。司法研修所新第63期修了。2010年、弁護士登録（奈良弁護士会）。

あるいは自分が差し入れた本についての感想とか、そういうことを書かせたんでしょう。気に入らなければ何回もそれを被告人に突き返して、何十通と書かせていたということもありました。髙野さんは、被告人の最後の手紙でも、裁判官の心を打つものになっていないと思った場合には、たくさん手紙があったとしても一切申請されないことが私の法廷でもありました。

ただ、その後、髙野さんは、被告人質問の中で、「君は僕に手紙を書いたね」という形で、先ほど言ったような何十通書いた、どういった内容を書いたかをきちんと法廷で出して、一生懸命そういった形で自分を見詰め直そうとした経過を被告人質問で出させていました。私自身は反省も更生という言葉も余り好きではないのですが、十分深く自分の行為を見詰め直させようとして、被告人にそれを法廷でもわかってもらうような活動をされていたというのが思い出として残っています。

今では、被告人の反省文を法廷に出すのは、多くの弁護士もやってますが、ひどい方になると被告人が書いてきた手紙すべてを証拠申請してくる弁護士さんもいます。何のために被告人に弁護人あての手紙を書かせているのかを十分考えないまま手紙を書かせ、それを証拠申請している弁護人もたまにおられるので、髙野さんの活動をちょっと見習ってほしいと思います。

もう一つは少年事件です。保護観察中のシンナー吸引ということで、少年院送致も十分考えられる事件でした。その少年のお母さんも、そのおばあさんも、髙野さんが弁護していたと思うんです。ということは、それだけ若いときに子どもをそれぞれ産んでいる。貧困、そして非行と犯罪の拡

座談会／更生に資する弁護の意義とその継承　19

大再生産みたいな環境がそろっていたわけです。

　「シンナーをもうやめられるな」と、髙野さんが少年に一生懸命聞くわけです。そしたら、少年は下向いてなかなか「はい」と言わない。それでも、髙野さんは「はい」と言わせようと一生懸命努力されていた。

　私はそこで少年が形だけ「はい」と言ってもシンナーをやめられかどうか疑問に思っていました。調査官や少年非行の専門家から見れば、一定の年齢に達してうまく立ち回れない子どもは、社会性が十分発達していないという判断をされます。しかし、この少年は正直だと私は思ったんです。髙野さんに、「いいんじゃないですか、本人がそこまで言えないという正直な気持ちを言っているんだから」と言ったわけです。

　そうすると髙野さんは、ひょっとしたら少年院送致ではなくて試験観察になるのかなと感じたらしくて、何か希望に満ちた質問をし出したので、ちょっとこっちは困りました。そこで、今度は、その正直なところは認めるけれども、シンナーを吸引するような環境から離すことが彼女にとって必要ではないかと判断していたので、またその方向で質問していくにつれ、髙野さんもそういう方向がいいと思ったのか、少年院に入ってちゃんと立ち直ったほうがいいということを、今度は少年に言い出したわけです。

　そうすると、少年が、付添人から少年院に行ったほうがいいのではないのかと裁判官の前で言われると、私は、少年が味方はだれもいないと思うのはよくないと考え、今度は逆に、そこまで付添人が言わなくても、まだ処分が決まっているわけでもないと言い直すことになりました。あっちに行ったりこっちに行ったりの審判になったわけです。最終的には、髙野さんも少年のことを考えて、少年院に入ってシンナーから離れたほうがいいという形で、少年を一生懸命説得されていたという事件がありました。

　刑事弁護人の役割と絡みますが、単に刑を軽くすればいいということではなくて、彼女が立ち直っていくためにはどうしたらいいのかという立場から付添人として活動されていることに、たいへん感銘を受けました。

　結局、少年院送致にしたものの、すごく私のほうも気になっていまして、早く少年院に面会に行って、状況が知りたいと思いました。髙野さんや、

裁判官、調査官の気持ちが少年に十分伝わったかを聞きたかったので、できるだけ早く少年院に行きたいということで裁判所から少年院に連絡してもらったんですが、少年院は余り早く来てもらうと少年の気持ちの整理をつけようとしているところが、それがまた揺らぐことになるので、もうしばらく時間を置いてほしいと、一定程度落ちついたら連絡しますということだったので、数カ月たって調査官と私で少年院に行きました。

　別室で、少年と調査官と私の3人で少年院の食事をとりました。今まで審判廷でも、本当に涙が出てくるような場面があったんですが、それでも裁判官ですから、私も一度も、涙がこぼれかけたことはあっても、人の前で涙は流したことはありませんが、このとき初めて少年と会って、涙がどっとあふれちゃったんです。

内橋　涙が流れるような話が多いですね。私は、髙野さんとはいっぱい刑事事件をやらせてもらいました。しかし、大事件は余りありません。覚せい剤の共犯事件とか、ピストルの譲渡と譲受けとか、そういう事件をいっぱいやらせてもらいました。一番最初に私が甲山事件以外に髙野さんとやって思い出に残るのが、労働刑事事件です。被疑者は勾留されていましたので、髙野さんは「おい、内橋、こんな勾留腹立つから裁判官を困らしたろ。それで勾留理由開示を正月明けにやらせよう。それで、その期間をよう考えて、おまえ、申し立てせえ。あいつら休んでる間にやらせよう」と言ってきた。「先生、おれらも休みですやん」と言うたら、「そんなもん関係あるか」と言って、しかも昔、京都地裁の中にあった陪審法廷でやった。私は正月早々しんどいのにと思っていたところ、「内橋、勾留理由開示はすぐ終わるんやぞ、知ってるか。1時間求釈明でもたせろ、それがおまえの仕事や」といわれた。

　1時間ももたせるために、どんな求釈明事項を考えているのかものすごくしごかれました。おまえの教育になるんやと言って、一番最初にやらされたのがそれでした。

　ピストルの事件を何件も続けてやりました。私がいつも譲り受けて持っていた被疑者、譲り渡した被疑者を利害相反だから髙野さんにやってもら

うわけです。私の被疑者は起訴されるけど、髙野さんの被疑者は不起訴です。そういうことが3件ぐらい続いたんです。「内橋、おれどんな手使ったか知らんやろ、教えへん」と。なかなか姑息な手を使ったようですが、このおっさんにはそういうところでは負けるなとつくづくと感じましたね。

　ただ、髙野さんが一番苦手で、私を唯一褒めてくれたのは、警察の捜査本部に行って交渉することでした。ここまでしゃべらせるから、これはこの辺に落としてくださいという司法取引はあるんですね。私は、そういうのをよくやるんですが、髙野さんはそれがむちゃくちゃ苦手なんです。実は選挙違反や贈収賄など経済事犯のときにはそういう司法取引は結構有効ですが、私はそれを自慢ではないけど上手にやって、髙野さんに褒められたことがあるんです。ややこしい事件のときは私と髙野さんとが一緒に捜査本部に行って、後藤さんがおっしゃるように、髙野さんはけんかを売るわけです。「おまえら、こんな調べやりやがって、おれは、徹底否認でいくぞ」と怒るわけです。私がまあまあと言うて、ぼけと突っ込みみたいな話で、「見てみいな、髙野さんの方針で行ったら、あんたら大変でっせ、ここはこの辺で落としたらどうですか」という。そういう司法取引を捜査段階で髙野さんと一緒にやった記憶があります。

　あの人は刑事事件で本当にあらゆる意味で優秀でした。唯一できなかったのが交渉だけでした、交渉は本当に苦手な人でした。交渉しなければいけない事件では、交渉役の役回りを私はいつもやっていました。

　私も逮捕されたときは後藤さんと髙野さんに頼もうと思っていました。ただ、髙野さんは「おれが逮捕されたときはおまえは来てくれるな。後藤を頼んでくれ」と言われましたので、お伝えしておきます。

後藤　商標法違反事件の捜査弁護を髙野さんと一緒にやったことがあります。これは、パチンコ店の景品に、いわゆるバチもの、にせブランド品を置いていたんです。その事件でオーナーの認識が問題になった。そのときに、私は普通の弁護士のオーソドックス対応で、「そんなもん認識がなかったらないで、ずっと頑張っとれ、調書をつくるなと」と被疑者に助言していただけです。

彼はどうしたかと言うたら、オーナーが見て上等か上等でないか、本物かどうかなんてわからないという証拠に、鶴橋に行って様々なにせブランド品を買ってきました。それからが髙野さんです。それを検察庁に持ち込んで、検事の目の前で一つずつ、これはどっちか見分けがつくかとやったんです。それで見事不起訴になりました。その後、さんざん、「後藤君、君はまだまだ甘い」とか言われた。髙野さんは並はずれて創意工夫に富んだ人でした。
　彼は情状事件でも、ほかの人がやっていないことをやりました。黒田清さんの『会えて　よかった』（三五館）を差し入れて感想文を被告人に書かせることは彼が始めたんです。その本の選び方がものすごくうまいですね。あの本は、今まで深く物事を考えたことのない人、あるいは思いやりとかを考えたことのなかった人が読むと、たくさんの話があるから、そのなかから自分に引き寄せて理解する人が出てくるわけです。ああいう本を選んで読ませるというアイデアは独創的です。
　刑事事件についての鋭い嗅覚を持っていました。尾上縫さんの東洋信金事件がありました。私が尾上縫さんの弁護人やっていて、髙野さんがそのうちの一部の事件の共犯者の弁護人をしていました。Kさんがまた別の共犯者をしていました。併合審理をして一緒にやったんです。ところが髙野さんが、途中で検察官に対して異議を連発しだしました。その結果、髙野さんの被告人だけ足並みが合わないようになってきたんです。彼に後で、何でそんなことしたんだと聞いたら、公判を分離させるためだというんです。このまま行ったら絶対実刑になるというのをどこかで彼はぱっとかぎ取るわけです。それで彼の依頼人は分離された。尾上さんと併合したまま審理を進めたもう1人の共犯者は実刑になりました。
　髙野さんに聞くと、そら見たことか、そうなることは分かっていた、というのです。だから、おれはもう2年粘ると言って、結局髙野さんの被告人だけ見事執行猶予になるんです。その辺の、一番最初の話に戻りますけど、けんか上手というか、嗅覚と独創性、どういうふうにけんかするか、どういうふうに延ばすかなど、やっぱりマネのできないところがあります

ね。

小椋　私もそういうことを見たことがあります。クレプトマニアの被告人で、犯行を認めている普通の窃盗事件なんですが、別に責任能力を争っているわけでもないのに、髙野さんはその事件を 1 年半近く延ばしているんです。その中で治療を続けて保釈させて、治療を続けて最終的に執行猶予をとっているんです。どうやって 1 年半近くも裁判を延ばしたんですかといろんな人に聞かれるので、先生にも聞いたんです。そうしたら、力わざや、根性やとだけ言うんです。

古川　ただの恫喝や。

小椋　多分、恫喝なんです。

東尾　検察官が文句を言っただろうと思うんだけど、よくそれを抑え込めましたね。

小椋　最後、その弁論では検察官にも感謝の言葉を述べているんですね。

内橋　上手やないか。

後藤　それは本当にまねできないところです。

小椋　裁判官が弁護人の言うことを聞いてくれなかったら、法廷から出てしまえばいいと言っていました。

後藤　表現としてはそう言うけども、実際にはそんな乱暴なことはしません。そこがすごいところです。実際には法と規則に従った行動の枠を外れていないんです。

内橋　昔、公安事件で傍聴人が騒ぐ「荒れる法廷」がありました。あのときに教わったのは、傍聴人が暴れたときには、傍聴人のほうを向いて止めるなと。それでは裁判所と同じ立場で傍聴人に敵対しているように見られるから、必ず傍聴人を背中にして、まあまあ、待てと言うと止まるんだと。それを実行する場面はなかったですが、傍聴人にも裁判所にも気遣いを持って対応するという、意外に気遣いの人でしたね。

後藤　そうそう。

内橋　「あほ、ぼけ」とは言いながら。ただし、後藤さんには言ったことはないと言っていましたよ。

後藤　言われたことが1度ありました。十数年前から取調べ可視化実現の運動をしてきました。そうしたところ、御存知のとおり検察庁が一部可視化を試行すると言い出しました。それを評価すると言ったのに対して、髙野さんから「あほ、ばか」と言われたんです。「一部だけの可視化試行を評価するなんてとんでもない。『けしからん、まやかしや』と言わないと、けんかには勝てない」と言われました。今考えると、なるほど正しいと思いますね。

内橋　私らにはそういうまともな「あほ、ぼけ」ではなかったよな。

司会　すごくかわいがってもらったんです。修習生のときに、おまえは刑事弁護は絶対できないと、その理由が顔が悪いと。

内橋　そんな理不尽な。

東尾　それは酒飲んだ席でしょう。

司会　いや、普通に昼間に電車で移動しているときに言われたんです。

後藤　しかし、彼には人を見る目、洞察力があるから、どういうふうに言ったらその人が一番伸びるかを感覚的に正しくとらえているんです。

古川　去（2011）年5月か6月ぐらいに、既に体調が非常に悪いので弁護活動をできないということで、髙野さんから頼まれて私が引き継いだ国選弁護事件がありました。

　事案は、道路交通法違反で無免許運転で、初老の男性が被告人なんですが、道路交通法関係ではない別の前科で服役した経験が幾度もあって、直近の刑務所を出てきてから5年がまだたっていないんです。その間に無免許も結局2回目だから、正式な公判請求をされたという状況だったと思います。

　今申し上げたような事情で、弁護士でしたら誰でも、率直に申し上げて、いかなる弁護活動を展開したところで実刑は実刑だし量刑もほとんど変わらないと見てしまうような事件です。それで、既に髙野さんは大分体調が悪かったので、事件の中身について私は一切聞かされずに、髙野さんが残していたメモだけを見たんです。

　メモを見ると、実に丁寧に打ち合わせをしていることがわかりました。

2回、それぞれ、それなりの時間をかけています。被告人の子どもに知的障害がある、そして奥さんも何か障害があったかということで、家族の生活が被告人にかかっているという事情があったと思います。そういった事情のもとで、奥さんも一緒に呼んで、実に丁寧に打ち合わせをしているのがメモを見ると一目瞭然なんです。被告人の方は、もう刑務所に行くのはわかっているし覚悟しているが、髙野さんには本当に親身になって話を聞いてもらったと言っていました。

　結局、私が途中から引き継いで公判をやりましたが、やはりと言ったらいけないですが、判決は懲役4カ月ぐらいの実刑でした。被告人は私に対して、「これはわかってましたから、もちろんこれで結構です、ありがとうございました」と言ってくれました。しかし、そういう事件で、30年以上弁護士のキャリアをもっている髙野さんが、依然としてそれだけ意欲を持って更生を願うとか、あるいはその家族に何とか頑張ってほしいという思いを持って、亡くなる直前まで弁護に取り組んでいたことに非常に私は感銘を受けました。

小椋　私も亡くなる1年の間に、刑事事件をいくつか一緒にやらせていただいたんですけど、今、古川さんのお話にもあったように、髙野さんに「あきらめ」という言葉がないんですね。絶対に何とかしてやるぞという勢いでやっていた事件が一つありました。先ほどもお話しましたクレプトマニアの事件ですが、何回も万引きを繰り返していて、1回目は普通の執行猶予判決、2回目は保護観察付の執行猶予判決、さらに髙野さんが3度目の保護観察付の執行猶予をとった事件の被告人が、もう1回またやった事件を、刑の執行猶予取消しの裁判まで髙野さんは全部やられておりました。

　どう考えたって苦しい、実刑にもなるし、刑務所にも服役しなくてはいけない事件でしたが、毎回、髙野さんは本当に病気でしんどくて、自分で車も運転はできない状況だったんです。私に家まで迎えに来させて、足を引きずるような形で車に乗り込んで、行きの間はずっと車の中で寝てて、法廷に立った瞬間に汗だくだくに流しながら、すごい勢いで、ノンペーパーで格好よく弁論するんです。本当に見てて湯気が立っているような状

況でやりきって、また帰りも車の中で一言もしゃべらないで力尽きて寝ている。そんな形でしばらくの間、裁判をしていました。

多くの弁護人は、またやってしまったその人に対して、もちろん怒るし、責めるんでしょうが、髙野さんはもう1回おれが何とかしてやるからと言って、しかも自分の体調が悪くて裁判に集中できるかどうかもわからないのに受けて、最後まで法廷に立たれていました。

後藤 彼は昔からペーパーレスです。それは、事件と被告人のことが全部頭に入っているからできることです。

内橋 髙野さんは、文字にたいへんこだわっていました。「おまえ字が書けんことの意味わからんやろう。字が書かれへんというのは、考えができないんや。人間って賢いもので、文字を書くことで実は自分の考えを整理して、あるいは自分を見つめ直せるんや」。「話し言葉だけで考えたらそういうことができないんやぞと。だから文字を書くこと、それがものすごく大事なんや」と言って、それで彼は被疑者・被告人に字を教えたり、漢字帳を差し入れて、漢字帳の添削をやっていた。字が書けるようになると字を書くことがおもしろくなる。そうすると、日記を書くことによって、その日のことを自分で整理し、自分で本当に心で考えられるようになるということを教わりました。

その文字に関して、私がものすごく叱られたことがありました。

弁護士をやりたてのとき、何件も事件を犯した被告人がいて、唯一の身内がお母さんでした。しかし、お母さんが全く法廷へ情状証人として出てこなかった。お母さんに、何で法廷に今まで出てこないのかと尋ねても、何にも答えない。そのとき、奈良では被差別部落の人が多いから、お母さんは、ひょっとして字が書けなくて宣誓書を書けないので、法廷へ出てこないのだろうと思った。

「いや、大丈夫やで。もうちょっと目が悪くて字が書けません言うたら代筆してくれるから」と言ったら、お母さんが初めて法廷へ出てくれた。それで髙野さんに、今までの弁護士はみんなあほでわからなかったけど、お母さんのそういう悲しみをわかって、私はこうやったんだと言ったら、

物すごく叱られました。「おまえな、そんな時間があるなら、名前ぐらい自分で書けと、今、目の前でおれが教えたる、これがほんまのやり方やぞ。おまえはちょっと自分でええ格好して、ええこと見つけたと思ってるけど違う。おれやったら、そのお母さんに字が書けたらどれだけ楽か教えたるぞ」とまだ甘いと言われました。なるほどなと思いました。

　実は、その経験は昔、部落解放同盟の事件をやってたときに、どこかの運動家が、「おれは小さいときから学校行けなくて、文字が書けなかったんやで、署名もできへんねん」と偉そうに言ったときに、髙野さんは叱り飛ばしたことがありました。「運動家として人を導くんなら、自分の名前ぐらい書け。そんなもん自慢するなと、1時間あったら書けるようになる」。こうやって怒ったことがあります。

　髙野さんがすごかったと思うのは、今の署名の話も含めてですけど、差別された人に対してすごく優しかったけど、その人たちに一歩前へ進んでほしいという気持ちを常に持っていたから、怒ることができたのではないか。そういうことを教育できる。その一事で私は感激しました。

古川　罪を犯す人が、社会の中でいろいろ傷つけられたり、尊厳を損なわれたりすることがあって、非行に走るとか、あるいは罪を犯す。そのときに、では本人に尊厳をどう回復してもらうか、あるいは自己肯定感をどう持ってもらうか、髙野さんはそういうことを常に考えていろんな工夫をしていたような気がします。

　だから、特に少年で勉強ができない子どもに対して勉強を教える。それはもちろん、知識そのものも重要だということもあるけれども、そういうことで自分の尊厳、あるいは自己肯定感を失っている子どもに対して、自分を大事に思ってほしいという、それこそが再犯をしないということにつながると考えて活動していたのではないかと思います。

司会　不遇な環境だから仕方がないということで終わるのは絶対に嫌ってました。

三森　奈良支局在勤中に、髙野さんが刑事弁護をされた大きな事件に月ヶ瀬事件がありました。内橋さんも一緒にやってらっしゃって。そのとき私はも

う事件担当から外れていて、月ヶ瀬事件の裁判そのものは取材しませんでした。ただ、あの事件は差別の問題が背景にあるのではないかというのは私たちもわかっていたんだけれども、記者として取材に行くとそういうことは話に出てこない。ただし、髙野さんや内橋さんがかかわっていると、そういうことがどんどん出てくるわけです。それが悔しいというか、どう言えばいいんですかね、物すごく複雑な気持ちでした。新聞記者のやることにはやっぱり限界があるとも思う一方で、髙野さんや内橋さんにはかなわないという思いもありましたし。でも、そう言うと髙野先生は激怒されるんでしょうけど、そんなことも感じてました。

それと髙野さんは若手弁護士にもやっぱり、皆さんもそうだと思いますが、厳しい方々でした。若手を育てようと思っていたからだと思います。先ほど言った嘉手納の黒人軍属と沖縄女性の間に産まれたハーフ、彼は強盗強姦とか6つぐらいの罪で起訴されてましたが、懲役15年の求刑に対して懲役13年の判決を受けました。その判決が出たときに髙野さんがおっしゃったのは、事件を担当した宮尾弁護士はよくやったけれども、懲役13年が出たのは宮尾さんの責任だとおっしゃって、厳しいなと思いました。それはやっぱり宮尾さんに一流になってほしいと思っておっしゃったんだなと思ってますけども。

内橋 自分にも厳しかったしね。

後藤 甲山事件のときなんか、しかばね累々と言う人もいますが、鍛えられた人はものすごく立派になっています。

三森 だから、新聞記者はみんな「ばか」と言われてるんですね。言われて行かなくなる記者と、それでも行く記者とやっぱりいる。

内橋 泣いて帰ってきた記者もいたと言っていました。

後藤 彼の欠点かも知れませんが、だれにでも言葉を尽くして言わないので、わからない人はわからないままで、「あほ、ばか」だけが残ってしまうところがありますね。まともに正面から向き合って髙野さんのいうことを聞いたら本当に値打ちあるんですがね。

3　髙野さんの弁護活動は裁判所にどう影響を与えたか

司会　東尾さんにお尋ねしたいんですが、髙野さんの法廷での刑事弁護活動は、ほかの弁護人のそれとは違って、裁判所に影響を与えるようなことはとくにありましたか。

東尾　髙野さんは常々、裁判官の一言は、弁護人が被告人に話す言葉よりもものすごく重みを持つと言われていましたが、奈良弁護士会の平田友三先生、この方は元検察官で、そして研修所の検察教官もされて、そして今、奈良の弁護士として活動されていますが、この平田先生も髙野さんと同じことを言われていました。そして髙野さんは、被告人には必ず説諭をしてほしいと言っておられました。

　それで、私が来る前に説諭を求めても説諭しなかった裁判官がいたんだけども、最後に一生懸命説諭を求めたら、初めて説諭をしてくれたというんです。だから岩をも砕いたというか、そういうことがあるんだと髙野さんが自慢されていました。その方はおとなしい、かたい裁判官で説諭を一切したことなかったんでしょうけども、今言ったように、最後の最後には説諭をされたということは、自分の熱意が伝わったということだとおっしゃっていました。

　私自身は説諭という言葉は余り好きではないんです。語りかけるとかでいいのではないのかと思います。裁判官は、被告人に語りかけるためには、被告人や、あるいは傍聴席に来ている被告人のお父さんやお母さんなど家族のことを考えて、こうしたらいいのではないか、こういう点が足りないのではないのかと考え、悩まなければいけない。多くの事件を抱えている裁判官が、一人一人の被告人について本当に説諭をしていくことは大変な面があります。

　髙野さんの活動によって、多くの裁判官が動かされてきたというのを読ませていただいた。裁判官も捨てたものではないなという感じがしました。自分の知らないところでいい裁判官がたくさんいたんだと。それは髙野さ

んや、髙野さんと同じように弁護人が被告人のことを考えて裁判官に一生懸命訴える、その訴えをくみ取っていた裁判官もそれなりの数がいたんだということを髙野さんの弁論要旨などを読んで初めて知りました。

　1件1件について説諭することは、私にとっては苦痛でした。どうしても説諭の言葉が見つからない被告人もいます。今までは自然と出てくる言葉というか、何も考えないで法廷に行って、そして判決の言い渡しをする。そのときの被告人の表情とか、あるいは法廷に来ている家族たちの涙を流す状況とか、怒る状況とか、いろいろなものを見ながら自分で考えたことを法廷で話していました。

　ただ、この被告人には必ず伝えたいという被告人がときにいます。そういう被告人のときには、前もってどういうことを彼にわかってもらおう、裁判所がいかにあなたに幸せになってほしいか、そのためにはこういったふうにやってほしいと、そういうことをあらかじめ考えて法廷に臨むこともたまにはありました。その面で、髙野さんが説諭を全件望まれてたということは、裁判所、裁判官に大きな影響を与えたのではないかと思っております。

内橋　今の岩をも砕く髙野さんの熱意の現場に、私は実は立ち会いました。飲み会で、ある裁判官と飲んでて、その裁判官はまったく説諭しないというわけではないですが、君もこんなこと二度とやらないようにねとかしか言わない裁判官でした。髙野さんは大分飲んでで、内橋ちょっと来いと言って、その裁判官の前に来さされて、「おまえ、この裁判官の説諭をどう思う、あかんやろ」というんです。

　「確かに全然あかんですね」と言うたら、髙野さんが今度は、「実は、被告人は裁判官の一言一言に物すごく、いい意味でも悪い意味でも心にこたえるんや。何も余分なこと言わんでもええ。被告人がうそついててもええ、もう二度とやりませんと言っててても、おれはわかった、1回だけおまえを信じてやろうと、その一言の説諭でええんや。だから、いろんなことを言うな。でも、その一言が、裁判官もおれを信じてくれた、それが実は更生の大きなきっかけになるんや。だから、そのことを裁判官、あんたわから

なあかんわ、これから気をつけや」という説諭を裁判官にしたんです。

　そしたら、それからその後、その裁判官が、見違えるほどその事件に即した説諭をやり出した。その意味では、法廷外活動も髙野さんほど厳しく言う弁護士はおそらくいなかったと思います。

東尾　そうですね。

内橋　その裁判官も説諭をすることによって、被告人がすごく心から反省したようなあいさつをして退廷するのをごらんになって、ご自分の立場をまた自覚して、お互いが成長していくきっかけになったんではないかと思います。

後藤　説諭に関連する問題については、私は常々異論があって、特に髙野さんとはいつも対立する立場でした。大阪で髙野さんとバトルトークを今まで２回しております。お元気でおられたら３回目をやりたいと思っていました。２回ともテーマの一つが改善・更生です。私は裁判官は説諭しなくてもいいと考えています。なぜかというと、裁判官の役割は事実と証拠に基づいて事実を認定して、その上で量刑をすることです。その仕事をいいかげんにして、多くの裁判官がこう言うんです。「私の関与した裁判で、１人でも被告人が立ち直ってくれたらよい。そう思って裁判している」と。そうだったら、牧師になったらいいと思うのです。

　東尾さんがおっしゃったように、そういうことを一生懸命考えている裁判官はそれほど多くはいらっしゃらない。感銘力のあることを言える裁判官もいるけど、それは非常に例外だろう。例外的で、本当に天才的な人はそういうことができるかもしれないけども、そっちのほうを気をつけると、本来の仕事から離れてしまう。弁護人の役割論とも関係しますが、髙野さんとはいつもそこのところが対立していたんです。

　しかし、今のお話を聞くと、やっぱりいい話ですね。その説諭によって彼が立ち直るための何らかのインパクトを受けるのはすばらしいことです。そういう話は非常にいいけれども、本質を見誤るのではないかと思って、いつも髙野さんとバトルをしていたのです。

東尾　裁判官の一言が被告人に対して重みを持つということを私は全然考えて

いなかった。それを言われてみて、すごく考えさせられました。
　記録をきちんと精査して、きちんとした事実認定をする裁判官と被告人の更生に力をいれる裁判官とどっちを目指すべきかを悩んだことあります。最終的には難しいのですが、両方やっていかないといけないというのが結論です。
　ちょっと話が横道に行きますが、奈良で裁判をやっていたときに、京都から歩いて奈良に向かっていた被告人が途中でしんどくなって道端にあった自転車に乗って、占有離脱物横領ということで裁判にかかったんです。その被告人はかつて大津で裁判を受けていたんです。その裁判官は安原浩裁判官で、安原裁判官は説諭しないことで有名です。
　彼が私の法廷で言ったことは、私は安原裁判官の裁判を受けたので、安原裁判官のところでは悪いことはしまいと誓っていたと言っているんです。大津ではないから、自転車を勝手に乗っちゃったということです。
　そういう面で、判決言い渡しの直後にかける言葉を説諭といいますが、安原裁判官みたいに説諭をしなくても、審理の過程で説諭と同じようなこと、要するに、あなたのことを信じていますよと、審理の過程で伝えることはできると思うんです。髙野さんが説諭とおっしゃっていることも最後の言葉だけではなくて、審理の過程でもそういうことを話していれば、それはそれで説諭と同じような効果があるといっているのではないでしょうか。

後藤　髙野さんは、すべての裁判官に説諭をしてくれと言っていたのでしょうか。

内橋　言っていましたね。

後藤　そうは言っているけど、私はすべての裁判官にそう言っていたわけではないと思います。人見て法説けというところがあって、彼の話で、裁判官のことが一番多く出てくるのは東尾さんのことです。だから、彼は自分が更生のために一生懸命やっているということが伝わっている、あるいは伝わり得る裁判官に対して、言ったのだと思うのですが。

内橋　彼はおそらくおれが言うたらものになるという見切りを持ってやってい

たんです。その辺、人を見るのが、あの人上手ですから。

後藤 髙野さんがやったことを、後からまねする人は出てきています。私もまねさせてもらいました。髙野さんが実践したことは情状弁護としては影響を与えているでしょうね。手紙を書かせるとか、本の感想文を書かせるとか、書くことによってちゃんと形として見えて、裁判官に伝わるところがあると思いますね。

東尾 たくさんの裁判官が心動かされているというのを読んで、それは髙野さんの情熱が伝わっているという感じがしますね。

後藤 「ショーシャンクの空に」(1994年、アメリカ映画) という映画があります。映画の中で、モーガン・フリーマンがなんども仮釈放の申請する場面がでてきます。仮釈放の委員の前で「私は大変反省してます、社会に戻ったらちゃんとやります」と言って、不合格。また次の年、反省してます、不合格。最後のときに、「私はもう仮釈放なんかどうでもいいんです、しかし、若いときにおれがあんなばかなことをしたのを後悔しない日はありません」と言うんです。そうしたら合格、仮釈放。このように「反省している」と言葉で言っても、意味がないでしょうね。このところは髙野さんは、ものすごくよくわかっていたと思います。

内橋 黒田清著『会えて、よかった』を髙野さんが少年に送ったら、少年から、あれを読んで感激する以前に、「おれはこんなに強く生きれられない」という手紙が返ってきて、それに対して髙野さんが、「おれもそんな偉そうなことは言われへんねんと。おれもこんなに悩みを抱え、こうやって来たんや」という返事の手紙が、髙野さんの記録を整理していたら出てきました。読んでいたら涙が出てきました。おっさんがなぜ被告人と手紙をやりとりするのかがよくわかった。あれは少年の心にものすごくこたえて、ああいうのを反省のやりとりなんだと感激しました (「少年に宛てた手紙」は、本書第2部153頁に収録)。

小椋 髙野さんは被告人の反省文をよく法廷に出しますが、弁護人が被告人あてに書いた手紙もよく証拠調べ請求しました。そういうのは従来余りなかった弁護活動だという気がします。

4　髙野さんの活動は社会にどう影響を与えたか

司会　三森さんの目から見て、髙野さんの活動は社会にどんな影響があったのでしょうか。

三森　私は新聞記者をしていたので、新聞記者を育てたと初めに言いました。新聞記者を育てると、記者の書く内容も変わっていく。そうすると、社会の受け止めも変わってくるという面はあると思います。何の事件の取材か忘れましたが、髙野さんの事務所に行って、事件の話をしていたんですが、「突然、おまえ、字が読めない人がどうやって電車の切符を買ってるか知ってるかと」か聞かれた。「いや、知りません」と言ったら、「それは自動販売機で一番安い切符を買って、降りた駅で精算するんや」とおっしゃった。弁護士ってそんなことまで知ってるんだなと、ものすごく感銘を受けたことがあります。そして、そういうことを新聞記者に話してくれる髙野さんを、取材対象の法律家としてだけではなくて、尊敬していました。

　そういうことを多分、いろんな記者に同じように言ってらっしゃって、例えば事件取材を好きになったり、あるいは弁護士の取材を一生懸命するようになった記者って多分いっぱいいると思うんです。髙野さんは、反省文を被告人に書かせること、黒田清さんの本のことを私にも言われました、「おまえ、あの本読んだか」と。「いや、読んでませんと」。そのように、「新聞記者はもっとそういうことを知っとかんといかんやろ」と、説教臭くなく私たちに教えてくれました。

　そういうのが新聞記者を育てるという先生のやり方だったと思います。もう一つは、奈良弁護士会50周年のときだったですか、弁護士の先生方で劇をされた。1997年だと思いますが、「命その手に」というタイトルでした。ふだんは何か法廷で偉そうにしてる弁護士がどういう劇をするのか見てやろうと冷やかしで行ったんです。ところが、技術的にはもちろん全然ですけど、構成がしっかりしていて、物すごくよくできた劇でした。女子高生が妊娠して、周りの大人、親や教師は初めはみんな中絶させようとするん

ですが、高校生のカップルがまず教師に救いを求め、そして弁護士が関わり、やがて周囲の大人も変えていく。そういう劇でしたが、髙野さんたちが、時々吹き出しながら、一生懸命されるわけです。見る人は、ああいうのを見ると感銘を受けます。そうすると新聞記者も、そこでやっぱり考え方を変えていく。冷やかしで見て短い原稿を出しておけばいいと思っていたのが、これはおもしろいと、思い直して、それで地方版でしたが、長い原稿を書きました。もっと県内あっちこっちで上演してほしいという思いを込めて。見る人もそうだと思うんですよね。弁護士に対するイメージが変わっていくと思いますね。劇の前に髙野さんが個人の尊厳をうたった憲法について話されたんですが、その内容がまたすばらしかった。「憲法は多くの犠牲者を出した戦争の惨禍から生まれた。個人の尊厳の実体は、人間のかけがえのなさにある。相手を思いやる、相手を正しく認識すること。さまざまな価値観をぶつけ合って論議することは大切だが、その根底には人間の尊厳がなければならない」と。

内橋 『会えて よかった』の本の帯が変わったんです。髙野さんが絶賛した途端に帯が、髙野さんが薦めると書いてありました。

司会 最初に紹介しておられた沖縄の方というのは、髙野さんからどういう影響を受けたのでしょうか。

三森 彼は事件をいくつも起こしているわけですが、いくつも受けてきた裁判の中で彼の主張を聞いてくれた裁判が、宮尾弁護士がやった奈良での裁判が初めてであって、それは、まさに情状鑑定を髙野さんが宮尾さんにやってはどうかと提案されて、宮尾さんが申請して裁判所も認めてくれた。そこで調査官が接見に行って、彼は「この胸にたまっているもやもやしたたまりを話したいし、聞いてほしい」と言って、ずっとため込んできた差別、あるいは自分の被害者意識、そういうのを全部しゃべるわけです。それが法廷に出てくる。

彼にとっては、40年の人生で、そのような自分の半生の話を聞いてくれる人たちと初めて出会った。鑑定書では、幼いころから父母と離れて暮らし、周りから差別されたこと、そしてだめな自分とまじめな自分の二つの

自己像が共存し、職を失うことから事件のパターンが始まるんだという分析が出てくる。彼の更生に何が必要かというと彼を受容する年上の男性が後見人としてふさわしいということも出てくる。彼もその鑑定書を読むわけです。そうして彼は自分を理解していきます。一生懸命弁護してくれる弁護士なんて出会ったことがなかったのに、宮尾弁護士は一生懸命弁護された。そのことで彼は多分、生き直したと思うんです。出所後は生活保護を受けています。今はもう還暦に近いのですが、福祉があるから彼は今、60歳近くになって初めておだやかな暮らしを手に入れています。福祉があるから事件を起こさずにやっている。そういう生き直しのきっかけを髙野さんがつくった。彼が出所するときに髙野さんが刑務所に迎えにいって、おまえのことを忘れずにいる弁護士がいるんだぞということも示しているわけです。髙野さんはそういう方だったです。

　昨（2011）年末に彼の家を訪ねてきましたが、髙野さんが亡くなった時に毎日新聞に掲載された記事「悼む」を彼は切り抜いて写真盾に入れていました。彼にとっては先生は父親のような存在で、毎晩、髙野さんの遺影に手を合わせて「おやじ、今日も一日無事だったよ」と報告しているのだと言っていました。出所のとき、髙野さんからもらった帽子とかばんも大切に持っていました。

5　「更生に資する弁護」と刑事弁護人の役割

司会　本書は、髙野さんの弁護活動の中で、とくに「更生に資する弁護」というテーマに光をあてて編集していますので、更生に資する弁護活動を実践していく上での課題や、今後、髙野さんの活動を広く引き継いでいくためにどうしたらよいのか、その点について、みなさんのご意見をお聞かせていただきたいと思います。

古川　私自身は髙野さんの弁護活動に対して非常に敬意を持っております。しかし、「更生に資する弁護」という言葉は非常に甘美な響きを同時にもっているがゆえに危険もあると思うのです。だから言葉が一人歩きすると非

常に危険ではないかということを髙野さんとよく議論したことがあります。

更生に資する弁護を非常に表面的にとらえると、裁判所や検察官と余り摩擦がなく、それで非常にいいことをやっているととらえがちです。それが誤ったかたちで出てくると、例えば罪を犯したんだから、20日間勾留されても仕方がない、留置場でむしろ反省すべきだという刑事弁護人のスタンスになったり、あるいは、例えば3件起訴されているうち2件は確かに有罪判決を受けるだろうけれども、1件について被告人が自分はやっていないと無罪を主張している場合に、無罪を言うべきその1件について、ニュートラルに見られないとか、無罪を主張する弁護活動がおろそかになるとか、そういう危険性があると思うんです。これは自戒も含めてですけども。

実際、髙野さんはどうだったかと言うと、髙野さんはそんな弁護活動はしていなかったと私は思います。先ほどからずっと話が出ていますように、不当な身体拘束については徹底的に対抗した。あるいは検察官とか裁判官の不当な活動については、本当に怒っていました。

東尾 さっきいったように、裁判官の役割には二つの側面あって、情状ばかりに力を入れると本来あるべき人権擁護がおろそかになります。そこは、弁護人の役割とも共通の面があるのではないかと思います。

被疑者・被告人の権利を擁護すべき場合と、一方で髙野さんは、先ほど話をした少年のように、少年院に入ってシンナーから離れたほうがいい場合には、少年院に入ったほうがいいということ主張していた。その点は刑事弁護人も気をつけなければいけないと思います。二つの面をきちんとおさえてやっていくことは大変でしょうけれども、二つの面をバランスよくやっていくべきではないでしょうか。

後藤 おっしゃるとおりだと思います。髙野さんの仕事が、被疑者・被告人、少年にすごい力を与えていることもわかった上ですが、髙野さんに対して、弁護人の役割は更生に資することではないと常に言っていました。

半分冗談ですが、これはパラドックスです。髙野さんみたいに飲んだくれで、人をあほ、ばか呼ばわりばっかりしている人が、人の更生をいって、

私みたいに紳士的な人間が、更生なんてくそ食らえと言っているわけですからね。

司会 逆ではないかと。

後藤 パラドックスです。

　私は弁護人の役割は被疑者・被告人の権利と利益を守る、わかりやすく言うと1日でも軽くというのが我々の仕事だと考えています。その上で依頼人が改善・更生してくれれば、それは先ほども申し上げた僥倖にすぎません。それはとてもすばらしいことであるけれども、我々の仕事ではないと思うのです。だから、改善・更生を仕事の一つにしたときから、我々の仕事は本来の、被疑者・被告人の権利と利益を守るところから、それてしまうのではないか。我々は改善・更生なんて考えなくてもいい。有実の人でも証拠がなければ無罪にする、これが我々の仕事です。そうすると改善・更生なんてのは我々の仕事じゃない、だからどうだっていい。仕事が終わったときに、はい、さよならとそれで我々の仕事だ。それぐらい我々の仕事の役割をきちんと見据えないと刑事弁護は中途半端なことになります。

　検察官で、「私の仕事を通じて被疑者、被告人がよくなってもらえばいいと思っていつもやってます」という人がいます。それに対し、「何をあほなこと言ってんだ。厳密に手続にのっとって捜査をして、この人が起訴するに値するかどうかをきちっと見きわめるのがあんたらの仕事である。常にそんなふうに考えて仕事をしているとしたら、あんたらの仕事間違っとるで」といつも言うんです。弁護人も同じです。

　ただ、髙野さんの仕事を見ていると圧倒的な力があるんです。そこで、その力の前には敬意を払わざるを得ないし、そのような仕事を否定することはできないというのが、私の評価なんです。だけども、更生に資する弁護にウエートを置くと、何か取り違える人が出てくるかもしれんという不安を感じます。

司会 髙野さんは圧倒的な力をもっていましたが、ほかの弁護人は髙野さんと同じように実践できるものですか。

後藤　髙野さんとは、レッスンプロとトーナメントプロというゴルフの例えを用いてよく話をしました。後藤はレッスンプロで、髙野さんはトーナメントプロです。ゴルフの天才であるサム・スニードが右に回るように打つにはどないしたらいいですかと聞いたら、右にと念じたら右に行く。高い球はどう打ったらいいんですかと聞くと、高い球と念じるんだ、という答えが返ってきたそうです。髙野さんの話は、あの人の話を聞いてまねできるかというと、なかなかできないところがあって、サム・スニードの話と一緒です。

　ところが、私はレッスンプロです。トーナメントに出たらちょっと上位には入らないけども、人に教える、言葉でこういうふうにしたらどうですかというのを伝えることができる。髙野さんからも、「おまえはしょせんレッスンプロや」と言われたことがあります。

　いずれにしても、彼の更生に資する弁護は、彼の熱意、あのパワーというかオーラというか、そういうところがあって、人にマネのできないところがあります。

古川　私は、私個人としての刑事弁護に関する考え方とかあり方は、実は髙野派ではなくて後藤派です。髙野さんにもそのことを言っていました。

　ただ、私らみたいに地方で弁護士をして、それで刑事事件の多くが国選弁護事件で、罪名でいうと、多くが覚せい剤取締法違反、窃盗だとかという事件の弁護活動をやっていくときに、身体拘束云々とか、違法な捜査を抑制するということはあるにしても、刑事弁護に対するモチベーションをどう持つかということがあります。そのときに、やっぱり更生というか、この人が再犯をしたくないと言って苦しんでいるとか、あるいはいろんな環境等の中でこういうふうになってしまったというときに、何らかの、再犯をしない、立ち直りのきっかけをつくるのに関与することにモチベーションを感ずるとか、あるいはそういうことが結果として弁護活動の喜びになるというところはあるのではないかなと思います。

内橋　そもそも何で髙野さんが、いつごろから更生に資する弁護って言い出したんでしょうか。大阪にいるときは言っていませんでしたね。

後藤　言ってないですね。

内橋　髙野さんは日頃、無罪事件やっていたんだとばかり言っていました。奈良に根づいて、普通の刑事事件をやるようになってから言い出したんだろうか。髙野さんは被疑者・被告人ばかりでなく、その家族と濃密な接触をしますね。そうすると、出所後の世話とか、執行猶予になった後の世話とかを、おのずとせざるを得なくなります。

古川　ほうっておけないのでしょうね。

内橋　簡単なつき合いやったら、事件が終わったらそれでさよならですが、髙野さんの付き合いは濃密ですから、「先生、またやりました」と来るんですね。そういう事件が奈良に来てから、たくさんになってきた。そのころ、髙野さんは更生に資する弁護を打ち立てるんだと言い出したんだと思います。これはある意味で必要に迫られたものです。髙野さんの偉大なパワーでも能力でもないと思いますね。もともと濃密なつき合いをしてきたので、髙野さんに頼らざるを得ない被告人やその家族がいる。ここから必然的に髙野さんは何とかしないといけないと言い出したんだろうと思うんです。

　彼は志半ばで死んだけど、更生に資する弁護ほど難しいものはないと、一番わかってるのも髙野さんだと思います。三森さんが言った、被告人の出所のときに、作業服と小遣い持って迎えにいったことを私も知っています。髙野さんに頼まれて、知り合いで、すぐ働けるところ、しかも社員寮があるところを探しました。紹介したらその人は1日で逃げてしまった。髙野さんは、「内橋、済まんな、これでもええねんと、おれに済まんことしたなと思うだけでもこいつええねん」としみじみ言っていたことを憶えています。

　考えてみたら、弁護人はみんなそんな被疑者・被告人を持っているでしょう。おのずとこの形をしないとしようがない状況にあるのではないか。

　髙野さんがもう一つ言ってたのは、検察、警察は逮捕して起訴したら終わりだ、裁判官は判決したら終わりだ、刑務所は追い出したら終わりだ、最後はだれもが、自分のところへ泣きついてくるんだと。最後まで面倒をみないといけないというのが、髙野さんの基本発想ではなかったのかと思

います。

　彼はよく自分の弁論を坊主弁論（弁護）といっていました。説教坊主の弁論です。それは、被告人への説教以外に裁判所への説教でもあった。そういう話を聞いてみると、何かみんなに受け継がれてやっていける道が見えるのではないかなと思っています。

司会　小椋さんは、髙野さんの最後の弟子ですね。

小椋　内橋さんが言われた点については、一番最後の弁論でも裁判所に対して言っていました。私も更生に資する弁護をやりたいと思って事務所に入って、髙野さんのもとでやったんですが、ちょっとまねしてやってみたら、すごく怒られたんです。まねするなと言われて、「まだ早い、おまえにできるはずがない」と言って怒られたんです。「無理はするな、更生に資する弁護というのは、それぞれの弁護人ができる範囲のことがあるはずだから背伸びはするな。おまえの中で本当にやりたいと思ったところ、心から出てきたものについてやれる範囲でやったらいい」と言っていました。

　ただ、どこまでできるかというのも、人間性にすごくかかわってくるから、もっと人間力を身につけろと、もっと本を読めと、いろんな人間を知れと、そしたらいろんな形で自分自身にできることが見えてくるということをよく言ってました。後藤さんとよく対比されるんで、「後藤は何だかんだ言ってわかってくれてる、おれのことは。実はうらやましいんや」とも言ってました。

後藤　それはわかる。

内橋　髙野さんの弁論は、いつもおれはこんなことやった、こんなことやれる弁護士はおれしかいないと、よくそういう弁論でした。

小椋　髙野さんは、よく自分の活動を弁論に添付していました。その中で、自分はこれまでこういう弁護活動をやってきて、この裁判ではこうやっているということを説明します。それはある意味、自分の武勇伝を最初に語っているのですが、そういうやり方について裁判官はどうみているんでしょうか。

後藤　情状証人として例えば奥さんを出して、彼女に語ってもらう。しかし、

それでは足りんと、最後の情状証人が弁護人だと。証人に出るわけにいかんから、それを弁論の形で表現するだという考え方です。更生に資する弁護という考えをすれば、それは必要不可欠ではないかという感じがするんですね。

東尾 髙野さんの弁論の要旨の中に、おれはこうやってきたんだというくだりがあります。被疑者・被告人やその家族に深いつながりがあるわけですから、それはそれで何も嫌みに感じることは全然ありませんね。

小椋 説得ですかね。

東尾 自慢もあるようだけどね。嫌なやつとはだれしも思わないのではないでしょうか。

内橋 かましには受け取りませんか。

古川 中身が伴っているか伴っていないかの違いではないですか。

東尾 心を打つ、要するに本当にそう思ってその言葉を述べているか、述べていないかということですね。だから、反省という言葉もそうですけども、髙野さんのは心が伴っているから、相手を動かすわけです。岩をも砕くわけです。それは弁護人であろうが、検察官であろうが、裁判官であろうが、発する言葉に心がこもっていれば、やっぱり伝わる人には伝わりますね。

後藤 例えば裁判は、人生のうちでものすごい短い期間です。それで更生したり、本当の反省をするなんてことは希有なことだと思います。だから更生してるとか、更生の機会があるとか言ったら、それは言い過ぎだと私はいつも思うんです。

　ところが、私が髙野さんに敬意を表するのは、彼はそう言えるだけのことを、濃密なと言われましたけど、まさに被疑者・被告人との濃密な関係を持つことです。そこには、我々が接見を５、６回しただけで、この人は反省してますというのと違って、ものすごく内実をともなった更生の萌芽があると思うんです。だから、反省とか更生とかという言葉だけではない、内実を伴ったものを彼は出し得る、そういうのを彼は「更生に資する弁護」と名前をつけて、みずから実践している。なかなかまねができません。

古川 髙野さん自身もよく言われていたことですが、更生というのはらせん状

だというわけです。つまり、何かかかわったことで一直線にすぐよくなるという想定を必ずしもしていません。ただ、かかわったことによって、きっかけが得られるはずです。あるいは前回よりは少しでも上に上がっているはずということを期待して、あるいはそのためにかかわりをしているということを言っておられました。

これには私も同感です。弁護人が更生のために力を入れて一生懸命やるとなると、結果的に再犯に至ってしまったときに、非常に落胆が大きい場合もあるとは思うのです。しかし、例えば少年事件でも、それまで親が十何年苦労してどうしよう、どうしようと言って、それで非行に走って、どうしようと悩んでいるわけです。それを弁護人、あるいは付添人が1カ月、2カ月ぐらいかかわって、それで直ちによくなるかというと、それはそれで思い上がりなんじゃないかと私は思うのです。

でも、やらなくていいかというとやっぱりそれはやったほうがいい。やることによって何らかのきっかけなり、あるいは少しでも上に行くことがあるのであれば、最初から高い目標を一足飛びに目指さなくても、それはきっかけづくりになり得るのではないかと思うのです。髙野さんはそういうつもりでされていたと思います。

小椋 100人に1人でもうまく更生してくれたらいいと言っていました。そして期待はし過ぎない。もう自分はやりたくてやっているんだから、それでがっかりもしないということは言っていました。

後藤 彼の場合は、被疑者・被告人の権利と利益を守って、少しでも、1日でも軽くとか、少年院に行かさないとか、そういうことを越えて更生に資する活動があるんでしょう。非常にしんどいことを彼はやってきたと思います。

内橋 人にはできないことをやっていますね。

後藤 だから、我々の責務を越えたところを目指してるという感じがします。なかなかまねはできないことです。

三森 被告人に生き直しをさせるというふうに、私らの後輩の記者には、そんなことをおっしゃっていたようです。

内橋 髙野さんのおかげで、後藤さんが嫌いな更生をした人が何人もいるんですね。そういうところの自分の満足感は、髙野さんはだれよりもたくさん持っていると思います。

後藤 そうですね。

小椋 後藤さん、ちょっと聞きたいんですが、髙野さんが情状弁護、更生に資する弁護を実践して、実際にその刑が軽くなっていること、通常ではあり得ない判決も出すこともあると思うんです。後藤さんは刑事弁護の役割は、少しでも量刑をまけていくこととおっしゃっていたので、その意味では情状弁護、更生に資する弁護を実践していくことも必要ということにはならないのではないでしょうか。

後藤 その限度ではそうです。最後の情状証人が弁護人であるという意味で判決に結びつけるということになりますね。それは、刑事弁護の範囲内で理解できます。しかし、彼のやっているのはそれを越えているんです。

小椋 後藤さんは、実際にすぐにうまくできなくてもマニュアルに従ってやっていくことが、刑事弁護の技術の習得の面では必要だということをよくお話しされます。その意味では、情状弁護はマニュアルにはなじまないかも知れませんが、必ず『会えて、よかった』を差し入れて反省文を被告人に書かせることが、量刑で軽くなることにつながるのであれば、刑事弁護の範囲に入ってくるのではないでしょうか。

後藤 それは賛成です。それはなぜかというと、わが国の刑事裁判で量刑がものすごく狭い範囲と少ない資料でしかできていないからです。例えばアメリカの場合の量刑は、陪審が有罪か無罪かを決めて、有罪の場合に量刑手続に入ると専門家の心理士とか、精神科医とか、いろんな角度からその人を見て、一体どういう量刑がいいのかを考える。量刑を専門家の作業にゆだねます。

ところが、わが国は全部一つの刑事手続の中でやります。本当の意味での量刑を決める基礎作業がないままにやります。そこに髙野さんの活躍の場があるんです。そういう基礎作業がほとんどないところで、彼がやることは非常に強いインパクトをもちます。その意味で、刑事弁護が持ってい

る範囲を彼が独創的なもので埋めて、効果をあげているのだと理解をしています。

東尾 被告人の生い立ちが、例えば被差別部落出身であるとか、あるいは朝鮮人で差別を受けてきたということをどうとらえるか、私にも髙野さんが直接話してくれたことがありました。

我々の世代の場合には、そういう境遇で苦労してきたんだったら、それは本当に気の毒な生い立ちで、刑としては下げていく方向で考えます。ところが今の若い人たちは、そういう刑を下げる方向ではなくて、余り重視しない。例えばひどい境遇ではなくても、ほとんどの被告人は幼いころに両親が離婚したとか、母親の顔を覚えていないとか、見たこともないとか、そういう人が多いのではないですか。

それを一体どう見るのか、そこにどう思いをはせるのか。少年審判で、「次回期日は12月24日にしましょう」と言った。「12月24日はクリスマスイブですね、お父さん、お母さん、みんなでケーキ食べる、そんなときに審判って嫌ですよねと、だからそれは避けましょうか」と言ったら、お母さんが、「私の家ではそんなクリスマスイブにみんなでケーキ食べたことなんてありません」と言われて、何て私は世間知らずだったんだということを思い知らされたことがあります。中産階級である自分の発想でずっと物事を見ていたことで反省させられたんです。

多くの裁判官は私みたいに中産階級出身だから、苦労をおそらくはしてない人が多いわけで、弁護人が、幼少時代の境遇がどう彼の生き方に影響していって、犯罪に結びついていったかを訴えることは、裁判官の見方を変えることにもなるでしょうし、あるいは裁判官は少しはわかっていたけど、言われてみればなるほどそうだなということでより理解が進んで、刑にも影響する可能性があると思います。それは、髙野さんでなくてもやれることではないか。この言い方がおかしければ、髙野さんがやろうとしてきたことを、ほかの弁護人にもやれることではないのかと思います。

後藤 私の理解によると、それは弁護士の能力を越えた範囲に及ぶのではないかと思うんです。少年事件について深く考えておられるから、東尾さんな

らよくわかると思いますが、普通の弁護人ならできないことを調査官はやすやすとされます。それはなぜかというと、彼らの専門だからです。心理学を納めて、きちっとしたノウハウもあって、インタビューの仕方も我々以上のものを持っているからです。

　髙野さんは、そういう教育を受けていないにもかかわらずその能力があったわけです。少年事件に熱心な人の中に同じような能力を習得している人はいます。だけども多くの弁護士はそうではないから、そのかわりに、少年事件と同じように、調査官が全部調べていけば、成人の被告人でも彼の生い立ちから何から、何が彼の犯罪の背景にあるかが、我々がやる以上によく理解できるものを提出できるんです。私が量刑の手続をもっとちゃんとしろと言うのはそういう意味です。ところが普通の成人の事件は、少年事件と同じような手続を踏まないし、調査官が調査するわけでもない。にもかかわらず、量刑判断をするところに根本的な問題があるんではないかと思っています。少年事件と比べたらよくわかると思うんです。

東尾　情報を収集する面では、調査官がすぐれているかもしれませんけども、調査官だから収集した情報を的確に、髙野さん並みに評価できるかというと、そうとは限らないと思うんです。

6　「更生に資する弁護」の継承

司会　最後のまとめとして、これまでの皆さんの発言を踏まえた上で、今まで言い足りなかったことも含めまして、髙野さんの更生に資する弁護について、それぞれお話していっていただいて、座談会を締めさせていただきます。

三森　新聞記者という職業柄、いろんな人たちと接するわけですが、髙野さんもいろんな人たちと接しておられた。1996年だったと思いますが、HIVに感染した大阪の薬害エイズ訴訟の原告団の代表の方が1996年の衆院選に出馬されたことがあります。奈良では、当時社会党から出たんですが、そういう選挙にも髙野さんがかかわって、髙野さんが後援会長か何かされてた

と思います。私にとっては髙野さんは事件取材の対象でしたが、今度は選挙の取材対象になる。その選挙には他の取材で親しくなった人たちも関わっていて、自分にとってはバラバラだった取材対象が、みんな既に一つのネットワークになっていることに気づいたんです。髙野さんはつねにその中心におられた。選挙取材はいろんな記者が関わりますから、いろんな記者が選挙事務所に来ます。それで髙野さんも事務所に来て、新聞記者もみんな取材で来ますから、そこでまた事件や選挙とは全く全然関係ない話、たとえば死刑をどう考えるかとか、さっきも話題になりましたが、字が書けない人がいることとか、そういうことを聞いて新聞記者も刺激を受けて学んでいきます。新聞記者も影響される。取材エリアがどんどん広がっていきます。新聞記者にとって、いろんな世界の人たちとつなげてくれる意味で、髙野さんは取材エリアを広げてくれる存在でもあったんです。ちょっと本題と外れましたけど、そういうまさに天才的な人だったです。

古川 先ほどから皆さん言われてますように、髙野さんのやり方は私もなかなかまねできないと正直に思っています。しかし、髙野さんの独創的な刑事弁護活動は、ちょっと語弊はあるかもしれませんが、楽しそうに見えるんです。刑事弁護に対して意欲を持って取り組む、そして独創的な活動を自分の感性に基づいてする。法の仕組みの中であれば何をやってもいいんだということを我々が教えてもらったような気がします。

　奈良弁護士会は地方の単位会ですが、比較的刑事弁護活動が活発なところだと自負しています。それは髙野さんの影響が非常に大きいのではないかと思います。

司会 適当な表現ではないかもしれないですけど、楽しく刑事弁護をするということは大事なことではないでしょうか。

古川 それは弁護活動に対するモチベーションにもつながるんです。例えば準抗告申立てしてもなかなか結果が出ないところでモチベーションを見失いがちにはなりますが、そんな中で髙野さんがやっていたこと、しかも励ましてくれたようなこと、これは若手の弁護士には非常に大きな影響を与えていると思います。

司会 小椋さんの話にもあった、背伸びしないでというのにもつながっていると思います。

後藤 髙野さんは奈良の若手の弁護士にたいへん大きな影響を与えて、奈良の刑事弁護の活発化に大きなウエートを占められたのではないかと思います。さきほど、髙野さんは天才だからレッスンをちゃんとできないと言いましたが、それは全くの誤りで、彼はその存在と活動で大きな影響を与えた偉大なるレッスンプロであったと思います。

小椋 亡くなられて時間たつのですが、髙野さんによく最近も会うんです。会うというのは、もう1回刑事事件を起こしてしまう人が、髙野さんにお世話になったんですと事務所に来られるんです。当時の記録を見て学ぶところがたくさんあります。その本人から髙野さんはこういうことをしてくれた、こういうことを聞いてくれたということを言われて、結局、そこでまた学んでいる最中なんです。

　亡くなりましたけども、これからも学んでいくことはまだあります。背伸びせずに、自分にできる範囲で更生に資する弁護をやっていきたいと思います。

内橋 髙野さんには追いつくことができないかもしれませんが、一歩でも近づきたいというのが私の今の気持ちです。ただ、あの人のまねしても絶対無理です。今度は私ももっと独創的なことを考えようと思っています。

東尾 いま、髙野さんのことを考えていて思い出して、しんみりとした気持ちになっているのは、元龍谷大学教授で奈良の弁護士だった繁田實造先生のことです。刑事訴訟法の学者から奈良で弁護士登録して数年間、国選弁護を一生懸命やられた方です。繁田先生も本当に更生に資する弁護やられていました。刑事裁判が終わった後、必ず部屋に来て、被告人の話をされるとか、判決後しばらく経って、被告人の状況についてはがきをくださったりしたことを思い出します。

　繁田先生が亡くなられた後、『更生に資する刑事弁護』という小冊子を奈良弁護士会がつくって、繁田先生の活動を継承してきています。

　髙野さんがやられたことは私にも伝わってきていますし、弁論要旨など

を読んでみたらほかの裁判官にも伝わっています。直接伝わった人だけではなくて、先ほどの繁田先生の例で話したように、髙野さんの更生に資する弁護活動もまた本書を通じて広がっていくものと確信しています。髙野さんの更生に資する弁護にかけた思いは広げていかなければいけないし、広がっていくだろうと私は思っています。

後藤 私が髙野さんとやり残したのは、彼と一緒に死刑事件をやることです。彼ならば救える事件がいくつもあるのではないか。髙野さんと一緒に、髙野さんの力を借りて、死刑になる人を救えたらよかったのにという思いが強くあります。

　いろんなところで偉大な成果を残した人です。更生に資する弁護という、私とは大分考えが違うところで特にユニークな足跡を残されました。死刑事件の弁護や、取調べ可視化の実現に関してももっと一緒に仕事がしたかった。非常に残念です。今日、奈良のみなさん方の話を聞いて、髙野さんは偉大な教師として多くのことを伝えていることを本当に実感しました。

　レッスンプロと言いながら、私の方が全然伝えられてない。彼のほうがよく伝わっているというのが悔しいですね。しかし、それが髙野さんのすごいところです。

司会 本日の座談会を通して、髙野さんの「更生に資する弁護」に対する情熱とその実践のすごさを知ることができました。私も改めてまた髙野さんが好きになりました。ありがとうございました。

　　　　　　　　　　　　　　　　　　　　　　　　　　　　　　（了）

● 第1部　更生に資する弁護と髙野嘉雄弁護士

インタビュー／刑事弁護人列伝
髙野嘉雄

聞き手
金岡繁裕 弁護士

自分の感性を大切にすること

金岡　先生が弁護士になられたのはどうしてですか？

髙野　私はもともと反権力意識が非常に高い人間で、私が中学生ぐらいのときにやっていた『評決』っていう弁護士が主役のテレビ映画を見て、国家権力は悪いっていうイメージを持ってたからね。中学時代にはもう弁護士になるって決めていた。だから、弁護士になりたての頃はどうしても労働・公安事件がメインになっていたよね。まあ、そういう時代だったし。

　当時、いわゆる新左翼的な弁護士たちは、戦闘的と称して法廷で派手にやってたわけ。それで私もまねして法廷でワーワー言って暴れまくっていたんだけど、気がついたら誰もついて来ている人がいなくなっててね。それから私は、もう自分の納得いく方法でやろうと思った。反権力闘争といっても何かしっくりこなかったし。自分自身の生き方と重ならなかったんだね。やっぱり、まわりに誰か困っている人がいたら一緒に手を取り合って頑張っていこう、そういう社会を作りたい、犯罪を犯さないで済む社会でありたい、というのが私の生き方だから。

　その頃は、いろんなところで論争があった。黙秘をすべきか否か。あるいは少年事件で鑑別所に入れることをどう評価するかとか。

それから精神障害者の事件について、心神喪失で無罪をとったらそれで終わりなのか。当時、保安処分をどう評価するかっていう問題があって、私は刑事処罰としての保安処分は反対なんだけども、弁護士が精神障害についてもきちんと取り組むということを抜きに精神障害者の事件を弁護することはできないと思っていた。

　というのは、精神障害で犯罪を犯す人たちは自殺するケースが多いんです。私が弁護士になった年の5月に起こった事件は、雇い主の夫婦を殺して放火して、先輩弁護士が心神喪失を争っていました。一緒に接見をしたが接見拒否をされ、それでも私は一人で拘置所の職員の人に「罪悪感はみんなあるんだ。だから自殺だけは気をつけていてください」とお願いしていた。でも、先輩弁護士は知らん顔していたよ。そうしたら、それを言った1週間後に亡くなった。

金岡　自殺で？

髙野　そうです。私がその拘置所に行って、遺体を頭のてっぺんからつま先まで調べた。支援者のなかから、被告人は拘置所で虐待されて殺されたという声が出ていたので、私が確認したのです。そして被告人は沖縄の子だったから、沖縄の人たちで作っていた支援組織に報告に行ったのね。そうしたら、被告人が精神障害者だったというのは沖縄人に対する差別だって言うわけ。それで私は、その日は亡くなった日だからあえて言わなかったけども、あとで落ち着いたところで、「あなたたちの言うことは間違っている。病気であるということをきちっと見据えていないで、何が支援組織だ」と、もう激烈な議論をした。

金岡　そこは病識を植えつけなければと私も思うんです。「レッテル貼り」と言われても、自覚させなきゃいかんのだから仕方ない。「あなたは病気だ」と言ってしまえば楽になることだってありますからね。

髙野　そう思うね。私は妹が若いときに統合失調症だったから。でも、その妹も結婚して子ども産んで、今では子どもたちも成人してる。それができたのは、私が妹に徹底的に病識を与えたからだと思っている。「病気なんだから、しんどくなったらとにかく病院行けよ」って。早い段階で服薬がで

髙野嘉雄弁護士（2007年5月、南都総合法律事務所にて）[*]

きれば、それで治まる。

　結局、弁護士は自分の感性しか拠るべきものはないんだよ。自分の感性に従ってちゃんと議論をして、激論であってもつかみ合いのけんかであっても、そのなかで自分の考えの至らないところを見直して進んでいくしかないよね。建前の議論ではなくて、人間としてのコアに忠実に従わないと、弁護士として納得できる事件処理というのはできないのと違うかな。

更生のための弁護

金岡　刑事弁護をされるのはなぜですか？

髙野　本当は刑事事件なんか起こさないで生きていくことができた人たちが、いろんな事情でそういう状況に落とし込められている。少しでもそういう人たちの手助けになって、普通の生活を送ってもらいたいと思うからだね。とくに若い子なんかは早ければ早いほどそういう道から脱却できるのに、

なかなか脱却できないまま、刑務所を行き来をしている人を山ほど見ているからね。それをなんとかしてあげたい。

金岡 うっかりそういう道に迷い込んじゃったというのではなくて、確信犯的にやっている場合はどうですか？

髙野 私は、人間は多面的だと思うんです。だから、その人の自分でも気づかない多面性の一角を私が照らしてあげることによって、変わっていくことができるというのが信念。ただしそのためには私だけではダメなんで、たとえば家族などとのきずなを再確認してもらう。それさえできれば犯罪常習的な人たちでも十分やり直すことができるというのが私の実感だよね。

金岡 それは事件類型的に覚せい剤とか窃盗の場合にも当てはまることですか？

髙野 覚せい剤については非常に難しいところがありますけどね。覚せい剤を常用する人たちというのは、なんというか人間的な関係に対する絶望感のようなものがあったりするから。でもこちらは絶望せずに、そういう機会を矢継ぎ早に与えていく。失敗しても、何度でも何度でも。

金岡 具体的にはどのようなことをするんですか？

髙野 たとえば、奈良は被差別部落が多いところなんで、そこの出身者であるとか、在日であるとか、親がいないとか、あるいは知的能力が劣るとかいうことで、差別を受けているうちに、だんだん社会に背を向けていって犯罪をしてしまうという人たちは多いんですよ。そういう人の場合に私がいつもやるのは、お父さんやらお母さんに「どういう気持ちであなたを育ててきたのか」ということを語ってもらうわけ。なぜなら、その人たちは自分のまわりに対してものすごく否定的な思いを持っているからね。

金岡 それが解消されると犯罪からも遠ざかるきっかけになる？

髙野 犯罪に対する最大の抑止力はやっぱり人間関係ですよ。この人を悲しませてはいけない、この人を裏切ってはいけないという、そういう当たり前の人間に対する思いが最大の犯罪の抑止力になると私は思ってます。だから、そういうきずなを形成させて太くすることで犯罪から遠ざける。余計な説教なんかいらない。とにかく泣いていたらそれでいい。どれだけあん

たのことで心を痛めたか、悲しんだのか、それを見せつける。それ以外止められない。

金岡 そういう関わりを持たない人の場合はどういう弁護を？

髙野 弁護人は最後の情状証人だというのが私の持論だからね。自分が情状証人になって、なんとか立ち直って、こんな生活から足を洗ってほしいという気持ちをぶつけるしかないですよ。

金岡 しかし弁護人はしょせんは一時的な関わりで、なかなかそこまで入っていけないのではないですか？　そう簡単に距離は埋まらないと思うんですけど。

髙野 簡単には埋まらないけれども、そういう人っていうのは、自分に対してこの人はどういう評価を持っているかってことについてものすごく敏感だからね。だから誠心誠意その人のことを認めて心配すると、それは敏感に感じますよ。

金岡 そうすると接見も足繁くされるわけですか？

髙野 必ずしもそうではないね。

金岡 ではどうやって関係性を築くんですか？

髙野 たとえば、私は黒田清さんの『会えて、よかった』（三五館、1993年）という本をよう読ませるのね。それを読んで感想文を書いてもらう。この本には、要するに人情物語がようけ書いてあって、必ず共感できる文章がだいたい4つか5つはある。それでその次に自分を語ってごらんというアプローチをすると、自分の生い立ち、人生を書いてくる。それはもう200枚、300枚書いてくる人がいるよ。

金岡 しかし、覚せい剤なんかはあんまり抵抗感を感じない人が多いですよね？　悪いとは知っているけど、自分のことだから好きにするという人も多いし。

髙野 そういう場合は、兄弟やら親やら子がいる人たちには「あんたが1人で生きているんだったらそれでいいけど、そうじゃないだろう」って迫るし、「少なくともあんたに関与した俺はものすごく悲しいし、やめてほしい」と伝えるな。

金岡　そうやって伝わる事件もありますか？

髙野　もちろん何件もあるよ。失敗するのも何件もあるけど。でも、失敗したら必ずまた呼ばれる。そのとき何と言うかといったら「先生、ごめんなさい」。本音としてはもちろん弁護を頼みたいんだよ。でも最初に出る言葉は謝りの言葉ですね。

金岡　先生のほうでこれはダメだと見切ってしまうような人はいませんか？

髙野　それは正直に言ったらいないわけがないわな。いるよ、もちろん。

金岡　そういうときの弁護というのは？　おのずから簡略になりますか？

髙野　それでもやらなきゃしょうがないから、同じようにやりますよ。ダメだと思ってもやるべきことはやらないと。やってダメやったというのは納得できるけど、ダメやと決めつけて何もしなかったら後悔する。結果はあくまでも結果だよ。結果がどうであれ、その人の心の中には「ああ、こんな弁護士がいたな。世の中に俺のことを心配している人がいるんだな」ということは必ず残ると思う。私はそれだけは疑わない。

裁判官の反応

金岡　先生のような情状弁護は、なかなかやる人が増えないのはどうしてですかね？

髙野　私は増えてないと思っていないよ。奈良なんかでも若い人たちは、全国的なレベルから見てもかなり踏み込んでやっている。いろんなところの経験の発表なんかを見ても、それはものすごく感じるよ。昔と比べたらもう比較にならないくらい情状弁護はよくなっている。それに裁判官が感応してくれているし。最近は積極的に評価してくれているみたいだからね。

金岡　裁判所もそういう活動を求めていると思われますか？

髙野　私はそう思う。冷たく見える裁判官が多いけど、本音は違うんだね。初心はそうじゃなかった。それがいつの間にかだんだん冷淡にさせてしまった。

金岡　弁護士が悪いですか？

髙野　うん。頑張って情状をやる弁護士が出てくると、力を入れてくれるね。私は、法律で執行猶予つけられないやつ以外は、ほぼ例外なく執行猶予処分をもらってますよ。

金岡　たとえば、誰がやったって実刑2年ぐらいだと感覚でわかるような事件がありますよね。そういう場合、裁判対策上無意味だと思っても当然、情状弁護をやるというのが先生のお考えですか？

髙野　もちろん。私は裁判対策上無意味でもやる。だって、被告人はやっぱり、自分のために私がどれだけやってくれるかってことを期待しているからね。また、私のそういう弁論を聞いて、裁判官が同じ量刑でも違った説諭をしてくれる。量刑が同じでも構わない、ちゃんと説諭をしてくれたら。被告人にとっては裁判官の説諭といったら重いからね。

金岡　そういうことが伝わったなという説諭はありますか？

髙野　夜中に暴走族がワーワーやってうるさいというので、マンションの何階からか石を落とした事件があったんですよ。そのときに裁判官が、自分もイライラする、どういうときにイライラするのか、そういうときに自分はどうするのか、という話をしたんですよ。自分はお母さんのことを考えながらそういう自分のイライラする気持ちを収めていた、イライラするのは誰でもあるんだから、それをどういうふうにして収めればいいのか、よく考えてみてごらん、とね。

甲山事件で学んだこと

金岡　先生が弁護された否認事件というと、一番大きいのは甲山事件[*]ですよね。なぜこの事件の弁護をすることになったんですか？

髙野　山田悦子さんの同僚が何か政治的な活動をしていた人で、共産党系の先生が弁護を最初やってたんです。でも、その先生と同僚の人とかがうまくいかなくなって、それでいったん処分保留になった段階で、非共産党系、全共闘系の私たちが1年目であるにもかかわらずやるようになったわけね。今から考えたら、もう失敗の連続ですよ。だから、失敗の中から刑事弁

インタビュー／刑事弁護人列伝・髙野嘉雄　57

護をどうするかを学んだというのが、私にとっての甲山弁護団の歴史ですよね。

金岡 どういう失敗ですか？

髙野 アリバイの位置づけが一番大きいね。アリバイを主張することによって彼女の冤罪性を明らかにしようとしたこと。あれは明らかな間違いですね。もっと全体的な証拠構造を見るべきだった。証拠構造がわからないまま国賠を起こしてしまった。

金岡 検察の有罪立証をきちっと弾劾することを基本にしたほうがよかったということですか？

髙野 やっぱりこちら側のアナザー・ストーリーを立てて、検察官が言っているストーリー性のまやかしがどこにあるかということをやらんとね。そうすれば検察官立証の弱点というのか、ゆがみというのがわかるから。

　甲山事件でいえば、あの事件を殺人事件として捉えるか否か。そこのところは弁護団の中でもあまり認識が一致したと思わなかったけども、私はあの事件については園児が関与した事件で、ただし殺意のない事故だと思っていたのね。犯行現場とされている場所が子どもたちのいるデイルームの直近だったし、マンホールというのは殺す場所じゃなく死体を隠す場所です。あんなところへ放り込んで殺すなんていうのは、通常の感覚でいう殺人の意思を持っている人間がすることじゃない。まして亡くなった子どもたちは精神に遅滞がある、小さな子どもたちでしょう。こういう子を殺すという動機は考えられない。そうなってくると、園児が意識的にマンホールに入れたけれども、殺そうと思ってしたような事件じゃない、というのが一番自然なストーリーになる。そこに山田さんはもちろん関与する余地がない。

金岡 失敗の連続といっても、無罪になりましたよね。

髙野 甲山事件では、何人もいる園児証人がそれぞれ山田さんに不利益な供述をしました。それは裁判官にとってものすごく大きな事実ですよ。じゃあなんでそういう供述をするようになったか。みんな誘導されたというのか。捜査側の誘導があったんだと攻撃するだけじゃダメです。なぜそのような

ことがなされたのか、ということを具体的に示すことが必要なんです。

　同じような供述というのは、質問者の求めていない答えをしたら、「何？」ってまた聞くんだよ。求める答えが出るまで何度でも。そして求める答えをしたら、「よく思い出したね」って言って次に進むんだよ、基本はね。私はそういう視点で当時3歳ぐらいの娘に同じ実験をした。そうすると、私が求める答えを必ず出してくる。要するに記憶を喚起しながら供述しているんじゃないんだよね。聞かれるから答えている。

　聞く人が納得しなければ、納得する答えを出してくるという形で虚偽証言が出てくるということを私たちは法廷で再現した。明白な嘘を言わせたわけです。

金岡　児童心理学の浜田寿美男先生が意見書で書かれていますよね。

髙野　あの事件は浜田さんが最初から特別弁護人に入っていたんですが、私の感覚は浜田さんとまったく同じでしたね。ただあの人は学者だから、弁護士では整理しきれないことをきっちり整理してくれた。

金岡　専門家に協力を求めるということは積極的にされるほうですか？

髙野　甲山事件では繊維鑑定などもやりましたけど、私たちが方向性を出して、それをわかりやすく解説してもらうという形で協力を求めます。私はあの人たちに何か発見してもらおうとは思わない。どうやって反論するのかについては弁護団で出す。学者より弁護士のほうが適切な方向性を出せると私は思っています。必要な知識を補給してもらうけれども、鑑定に対する基本的な方向性は弁護士が出すべきだし、むしろ弁護士しか出せないと思っています。

　鑑定人に対する反対尋問でも同じです。揚げ足をとるのではなく、弁護人は鑑定書を全部読んで、正面から学者としての見識と対峙する、そのなかで反対尋問を遂行できると私は考えます。

＊**甲山事件**　1974年、兵庫県西宮市にあった知的障害児の養護施設である「甲山学園」（かぶとやまがくえん）において園児二人が行方不明になり、捜索の結果、二人とも園内のトイレ浄化槽から水死体で発見された。

　同施設の保母の山田悦子さんがS君殺害の被疑事実で逮捕された。この逮捕時、

山田さんは警察の巧妙な「事実のスリ換え」によって「虚偽自白」を余儀なくされた。弁護活動の成果もあって一度は嫌疑不十分で不起訴処分となったが、1978年に、山田さんは再びS君殺害の被疑事実で逮捕・起訴された。

　一審は無罪であったが（1985年）、検察官が控訴した控訴審で一審無罪が破棄差し戻された（1990年）。差戻第一審でも無罪判決（1998年）、続く差戻控訴審で検察側控訴を棄却（無罪判決）が言い渡された（1999年）。検察官が上訴権放棄の手続をとることにより、ようやく終結を見た（1999年）。逮捕以来25年6カ月余、起訴以来21年6カ月余の長期間にわたった。参考文献：上野勝・山田悦子編著『甲山事件　えん罪のつくられ方』（現代人文社、2008年）

否認事件の弁護

金岡　冤罪事件の場合、捜査弁護で気をつけることはどんなことですか？

髙野　被告人が自分の嫌疑を晴らそうと焦ってしまって、不利益な証拠について嘘だとわかるような供述をする、あるいは結果的に誤った供述をするのをいかに防止するかだね。

　たとえば、私がやった内ゲバ事件は、アリバイがはっきりしているやつだったんで黙秘はさせなかった。ただし、勾留段階でアリバイの骨格だけを言って、取調べには一切答えない。それで、裏づけは私たちがとるからということで、アリバイについての供述調書を作った。

金岡　いつ頃の事件ですか？

髙野　20年以上前だよね。

金岡　起訴されたんですか？

髙野　殺人ですからね。それであのときは目撃証人が何人かいたんですが、証拠開示の問題について主尋問だけ先にさせて、反対尋問はそのあとに一括してやった。その段階ですべての供述調書の開示をさせて。

　目撃証人は全員、犯人が被告人とよく似ているという供述をしていたわけです。それで、共通する原因があって同じ証言になっているんじゃないかという視点で反対尋問をした。そうしたら相互の供述が補強し合って浮

かび上がった。捜査側が見せたモンタージュ写真が被告人に似ていたんですよ。

金岡　創意工夫ですね。

髙野　というより、自分の納得ですよね。だから捜査官が誘導したというような、通り一遍の論の立て方は拒否をした。誘導というのなら、実際にどういうことをしたかというように具体的な議論が必要なんです。だから、自分がもっと納得できる説明があるんじゃないか、というところでずっと考えた。自分が納得できることを示すのが、裁判所にとっても一番わかりやすいでしょう。

新人弁護士へのアドバイス

金岡　これから法科大学院生がどんどん弁護士になると、私ぐらい若い弁護士が量産されますけれども、そういう弁護士に先生のような信念を持てというのは難しいですよね。

髙野　私はそうは思っていません。大学の教養課程レベルから刑事弁護の心とか、さまざまなイメージを与えていたら、若ければ若いほど吸収力持ってるよね。ただ正義のためとか人権のためとか、そんな抽象的な、お題目みたいなものじゃなくて、自分らしい生き方ということで刑事弁護を語っておけば、もっともっと志のある弁護士はどんどん出てくると思うよ。

　また、どんな事件でもいいから、自分と社会とのかかわりということを考えながら弁護士としての活動をするという場ね、それが必要ですよ。

金岡　それでは、新人弁護士に言いたいことはありますか？

髙野　そんなに無理してやる必要はないと思いますよ。私も若いときには民衆のためだとか正義のためだとかいう旗を立ててやってたけど、そういう旗がいかに空しいかと感じてるんだよ。だから、自分の感覚に合うことを自分なりにやったらいい。

　一生懸命やったらどう？ってだけだよ。ところが、一生懸命やったなという実感が持てる事件が実際は少ないわけ。それが最初は100件に１件で

もいいと思うよ。まあ10件に１件のほうがもっといいんだけれども（笑）。一生懸命やったなという事件は、依頼者からの感謝の見返りがある。そのようにして弁護士としての自信ができていきます。弁護士としての自分の生き方に自信がついてくれば、だんだんそういう割合が増えてくるから。めげるのが一番ダメだよ。めげてるぐらいだったら一緒に酒でも飲みましょうよ（笑）。

＊なお、53頁に掲載した写真は、インタビュー時のものではありません。

（初出『刑事弁護ビギナーズ』（季刊刑事弁護増刊号・2007年）16頁～21頁

● 第1部　更生に資する弁護と髙野嘉雄弁護士

「更生に資する弁護」から「治療的司法」へ

指宿　信　成城大学法学部教授

「我々の直面する重要な問題は、その問題を作り出したときと同じ考えのレベルで解決することは出来ない」（アルバート・アインシュタイン）

はじめに

　本稿の目的は、髙野嘉雄弁護士が掲げられた「更生に資する弁護」という実践的弁護論について、刑事司法において胎動を示す新たな司法哲学である「治療的法学」という理論から光を当て、治療的法学が目指している「治療的司法」という取り組みを弁護の立場で既に我が国で実践されていたことを高く評価すると共に、この「治療的司法」という新しい司法パラダイムが、今後の我が国における再犯予防と更生に向けた刑事司法制度の再構築に不可欠であることを示そうとする。

　執筆動機は、筆者がかつて、『季刊刑事弁護』誌の特集、「"治療的司法"への道：再犯を防ぐ弁護活動と取組み」（2010年）のコーディネイターをさせていただき、社会のさまざまなところで犯罪者の再犯予防のために取り組んでおられる方々（医師、カウンセラー、矯正職員、薬物離脱NPO等々）を紹介する機会を得た際に、刑事弁護の第一線で依頼人の立ち直りを支援する弁護活動をされていた髙野先生にも寄稿していただいた、という縁にある。

　本稿を通して、先生が切り開かれた「更生に資する弁護」論が、ドメスティックな、日本でのみ通用する発想なのではなく、世界で展開を見せている治療的

司法に基づく取り組みと通底し、方向性を共有するグローバルな思想であることを解き明かすことが出来れば、筆者としては望外の幸いである。

「治療的司法」とは

「治療的司法（treatment justice/therapeutic justice）」と言ってもほとんどの読者にとっては耳慣れない言葉であろう。米国などのドラッグ・コート[*1]に関心のある方であれば耳にした機会があるかもしれないが、刑罰ではなく犯罪者自身の問題を解決すること＝「治療」が再犯防止と更生につながるという考え方である。こうした考えを基礎づけているのが治療（的）法学（therapeutic jurisprudence：TJ)[*2]と呼ばれるものだ。1980年代にアリゾナ大学のヴェクスラーによって提唱され、マイアミ大学のウィニックと共に普及がなされた新しい司法観、司法哲学である。行動科学の知見に基づき、法適用にかかわる心理的、情緒的側面に着目し、法過程や司法過程を社会的メカニズムの1つと理解するのが特徴である。実践的には、犯罪者（対象者）の抱える問題を解決することによって再犯防止を目指そうとする介入的で治療的な発想に基づくアプローチ（問題解決型司法〔problem solving court: PSC〕や治療型裁判所〔treatment court: TC〕）につながる。すでに英米法圏では薬物専門の法廷（コート）を中心とする多くのプログラムが導入されて成果を挙げており、我が国の刑事政策関係者の間でも注目され始めている。[*3]

この治療法学とこれに基づく治療的司法という考え方、そして実際に法廷でプログラムが展開される問題解決型裁判所の関係を図示すると次頁の図のようになる。もっとも、治療法学には、介入的職権モデルが相応しいことから、被疑者・被告人の主体性を前提とする当事者主義的な司法観と理論的対立が避けられない。治療的司法という司法観についても同様に、被告人を「治療対象」とする思考がパレンス・パトリエ的だとして、リバタリアン的な個人主義観を前提とする近代刑事裁判と衝突する。問題解決型裁判所という実践については、「治療」に必要な社会的リソースは本来、福祉や医療という分野で用いられているもので、司法が自身の手続にその導入をおこなうことは三権分立という考

治療法学・治療的司法・問題解決型裁判所

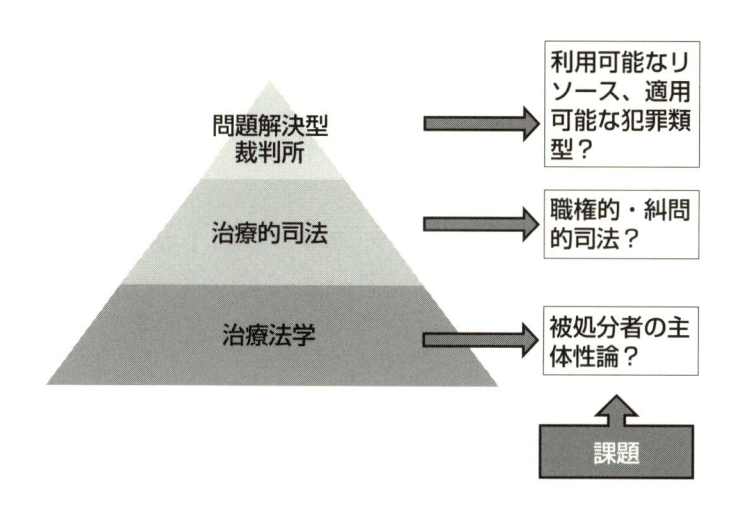

```
          問題解決型       → → 利用可能なリ
           裁判所              ソース、適用
                              可能な犯罪類
                              型？

          治療的司法       → → 職権的・糾問
                              的司法？

          治療法学         → → 被処分者の主
                              体性論？

                              ↑
                             課題
```

え方から問題があり、また司法本来の紛争解決機能・処罰機能という役割と相容れないという批判もある。

　残念ながら、わが国では治療的司法の概念自体があまり知られておらず、PSCやTCといった法廷も公式に導入を見ていない。他方で、刑事司法関係の諸領域で官民を問わず治療的司法の考え方に共通する姿勢と発想から、さまざまな取り組みが行われてきているのも事実である。その中でも、少なくない弁護士たちが更生の観点から弁護活動を展開してきたことも疑いない。まさに弁護活動を通じた治療的司法を実践してきている[*4]。髙野先生の唱えられた「更生に資する弁護」とは、日本版治療的司法と言ってよい取り組みだと考えられる。

海外における問題解決型裁判所の例

　そこで、治療的司法に基づく問題解決型裁判所の具体例を示すことにより、その発想や手法を理解する手がかりにしたい。たとえば、南オーストラリア州のDV（家庭内暴力）コート（DVC）の場合、男性は第一に過去の暴力歴や虐

待歴と向き合う、第二にそうした暴力や虐待が家族や自身の問題の源になっていることを理解する、第三に自身の暴力や虐待行動を減少させるために歩み出すという意思表示をする、という三つのステップを踏む。このプログラムには男性のみならず被害者である（元）配偶者や子どもも参与でき、カウンセリングや代理、情報提供も受けられる。クィーンズランド州のドラッグ・コート（DC）の場合は、実刑処分の代替措置として集中的な薬物治療プログラムを裁判所が提示できる。ただし、対象者に暴力前科や性犯罪前科がないことが条件となる。対象者が課されたリハビリ・プログラムに従事しなかった場合、あらかじめ設定された量刑に服するため収容施設に移される。タスマニア州の精神障がい者法廷（MHC)では、手続に同意した対象者のみが参加を許され、まず、担当官による適性判断、裁判所によるディバージョン決定、治療プログラムの実施、プログラムに対する裁判所の観察評価、プログラム後の量刑決定、という手順で進む。

　以下、このような問題解決型裁判所においていかなる要素が重要かについて、先に紹介した、ウィニックとヴェクスラーの著作から概観しておこう。[*5]DCで重要とされているポイントは、①アルコールや他の離脱プログラムの同時実施、②非当事者主義的アプローチと被告人（対象者）のデュー・プロセスへの権利の尊重、③対象者のプログラム適性に対する早期判断、④薬物などからの離脱についての継続的観察、⑤プログラムへのコンプライアンス促進、⑥他の公的機関やコミュニティのさまざまなアクターとの連携やパートナーシップ強化、である。DVCで重要な要素は、①薬物離脱プログラムが終了した後の実施、②治療的効果を高めるための被害者参加とその環境整備、③対象者の認知的歪みの是正（DVの正当化や被害者への責任転嫁に関する自覚、DVが選択された行動の結果であることの認識）、④DVで対象者が求めているものが得られないことの理解、⑤被害者への接触禁止やその他の遵守事項の理解と違反行為に対する裁判所による厳しい制裁の確認、⑥子どもがかかわっている場合の慎重な対応、⑦迅速な量刑決定による結果に対する認識促進、⑧量刑後の継続的審査やモニター、⑨他の関連する事情・事件（虐待、ネグレクト、父子問題）への

配慮、である。

　MHCの場合には、①対象者へのスティグマ（烙印）の回避、②ディバージョンや手続打ち切り、その他のさまざまな裁判所の有する手続・手段の活用、③公共の安全を害しない範囲での制約の最小化、④拘束より治療効果の高さを重視、⑤人間関係における個人的な問題に対処するスキル習得を取り入れたプログラム導入、⑥相互依存（裁判所の援助と責任を受け入れた対象者の努力）に基づく治療法の採用、⑦個人の権利に合致するよう配慮した非弾劾的な仕組み、⑧全体の仕組みをマニュアル化、⑨対象者に対する早期の診断と治療の開始、⑩裁判所のチームに対する統一的な視点に基づく評価の確立、が必要とされている。

治療的司法を支える価値と哲学

　このように、きわめて実践的な性質を有する治療的司法は、その展開にあたり独特の治療的法学という考え方に支えられている。これはわれわれが日本の刑事司法を語るときに半ば常識として抱えている訴訟観、司法観とは大きく異なっている。それぞれの志向がどれほど差違を持っているかといえば、次頁の表のように表現される。

　そして、実は諸外国において治療的司法を展開する上でもっとも大きな障害のひとつとなるのが、当事者主義的な司法観に支えられた司法関係者の存在であり、長年続いてきた慣行であると言われている。周知のとおり、当事者主義司法は糾問的な司法から発展した司法観であって、こんにちの世界の趨勢を占めている。裁判官は、検察官の主張（紛争・犯罪の事実）について証拠に照らして法的判断を与える。弁護人は対立当事者として、検察官の主張と対峙し被告人の権利が保障されるよう働くことが主たる役割である。検察官の主張は過去に起きた犯罪事実に対する処罰であり、過去志向性が強い。それぞれの関係当事者も、それぞれに自己目的を有して訴訟に関与している。その関与が適切におこなわれているときに当事者主義に基づく司法は成功する。

　ところが、治療的法学における司法観はこうした対立的思考に立たない。そ

して、関係当事者はすべて一つの同じ目的に向かって協勤することが期待される。それは被告人の抱える問題（犯罪を発生させ再犯予防を妨げる要因）の発見と、その原因に対する適切な問題解決手段の提供である。つまり将来志向ということができる。また、治療的司法は必要性があってはじめて稼働しうる。反対に当事者主義的司法は、検察官が公訴権という権利を発動してはじめて稼働する。このように、訴訟や手続の契機についても異なる見方をするし、手続の目的そのものについても異なる価値を持っており、時間的スケールについてもまったく逆方向を見ている。

当事者主義法学と治療法学における司法観の違い

伝統的な当事者主義的司法観	治療法学における司法観
紛争解決	問題解決により紛争回避
法的結論を求める	治療の結果を求める
弾劾的訴訟	協調的訴訟
事件志向的	市民志向的
権利ベース	利益ベースないし必要性ベース
訴訟の強調	訴訟後や代替的処理の強調
法の解釈と適用を重視	科学の適用を重視
中立的な裁判官	コーチとしての裁判官
過去志向	未来志向
先例重視	計画重視
少ない参加者とステークホルダー	広い範囲の参加者とステークホルダー
個人主義的	相互主義的
リーガリスティック	コモン・センス
形式主義	非形式主義
効率性重視	効果重視
コンプライアンスによる評価	改善や矯正による評価

水と油のような、これほどの相違を海外では実践的にどのように克服しているかというと、被告人の有罪答弁を前提にプログラムが開始されることで相剋が生じないように対処しているのである。もちろん、同じ裁判所、同じ法廷に

これほど異なる司法観が併存することに対する異論は少なくなく、裁判官によっては、問題解決型裁判所が担っている領域は司法外であって福祉や行政によって担われるものであるとして忌避的態度をとる者も少なくないようである。
　そうした対立の根底には、当事者主義的司法観と治療法学的司法観とのあいだに厳しい理論的矛盾が横たわっているからだと考えられる。具体的には、法的問題を争うべき事案と問題解決型裁判所の機能を用いるべき事案とが必ずしも明確に区分できない場合があるということだろう。この点は、治療の司法に特有の倫理的ジレンマであり、どの国でも問題になる可能性のあるトピックで、難しい。*6 まさに当事者主義的司法観と治療的司法観のいずれを優先させなければならないか、という局面である。多くの国の問題解決型裁判所が有罪答弁者をそのプログラムの対象としていることから、このジレンマは避けがたい。しかし、法律的無罪の主張をする場合に限って福祉的観点から治療手段の利用を禁ずることを回避できれば、このジレンマを解消することは不可能ではないはずだ。たとえば、薬物事犯に多い違法収集証拠の問題を、治療を優先させるために提起できない、ということになると、手続的正義の要請が満たされないということになってしまう。そうした態度を許容していては、（廉潔性という観点からも）健全な司法制度を腐食させることになるだろう。たしかに、法的に手続的な瑕疵を主張する当事者に治療プログラムを提供することは訴訟法上の主張としては禁反言に映るだろう。だが、このジレンマを克服することができなければ、法律家から治療的司法を忌避されるおそれは強いし、当事者主義を前提とするこんにちの刑事司法制度を問題解決型裁判所として機能させていくことは難しいように思える。

我が国における治療的司法の可能性

　ところで、我が国の司法を実際に問題解決型裁判所として機能させることは可能であろうか。それはさほど難しいものではないとわたしは考えている。既に、そうしたタームを用いないまでも、同様の機能を果たそうとされている方々や団体は数多くとは言えないが存在するし、裁判員裁判の開始は国民にも

治療的司法の重要性を理解させる好機となっていると感じている。欧米のように、公式にMHCやDCを用意することができなくても、非公式な対応は可能であるはずだ。

　実際、司法過程外では、ダルクやAA Japanなどのように民間でも薬物依存やアルコール依存からの離脱のための取り組みがおこなわれている（それらの具体例については前出の特集「"治療的司法"への道」を参照いただきたい）。近年、矯正施設内においても依存離脱の取り組みが始められている。更に、出所後の就労機会の確保についても法務省と厚生労働省が協力を始めている。それらの取り組みはまだ司法過程と公式に連携するまでには至っていないが、少なくともそのような取り組みの存在は個々のクライアントへの援助について、刑事弁護の観点から多様なアイディアと可能性を提供している。必要なのは、治療や離脱支援、自立や自活を援助するプログラム、資金、そしてそれを適切に提供できる専門家のネットワークだろう。

　では、どのような専門家が問題解決型裁判所につながっていなければならないか。第一に、薬物治療プログラムや脱依存症プログラムの専門家であろう。アルコール、覚醒剤等の薬物からの離脱などを提供する治療サプライヤーは薬物犯罪の場合、必須の資源である。量刑に際して弁護人がそうした治療先を確保できるかどうかが鍵となるが、公的セクターも積極的に弁護人をサポートすることができるのではないか。第二は、対衝動療法の専門家である。薬物以外にも窃盗癖（クレプトマニア）や性依存症、ドメスティック・バイオレンス加害者に対する治療サプライヤーが必要だ。第三は、住居確保や生活基盤（たとえば生活保護の受給）、就職就業をサポートするソーシャル・ワーカーである。第四は、カウンセリングをおこなう臨床心理士である。こうした専門家の非公式なネットワークと、保護観察官や保護司のような公式のリソースが協力関係を築くことができれば、我が国でも問題解決型裁判所類似の機能を発揮することは不可能ではないはずだ。特に、我が国の場合は、検察官による不起訴処分が刑事司法の最初の公式の処分段階なので、この段階が最も重要である。弁護人が依頼人の事件を不起訴とさせるに当たり、検察官と対立するだけではなく、もし解決すべき問題が明確であるのなら、非公式ではあっても、上記のような

司法外の機関や関係者とも共に協力することによって再犯を予防することが可能である。検察官も不起訴によって何も手当をしないのか、刑罰を求めるかの厳しい選択を迫られずに済み、社会の中で再犯予防に向けた環境へと被疑者を委ねることができる。そうした選択は司法コストを下げ、刑事司法制度の効率性という観点から見てもメリットになるはずである。それについては、まずは検察庁段階での弁護人からの適切な問題解決（治療や手当）の提案が重要となるだろう。

　卑近な話で恐縮であるが、筆者の提案により、2010年3月に立命館大学の心理学関係者にトロントを訪問していただき、実際に問題解決型裁判所の手続を見学してもらうことができた。[*7]現地の司法関係者の暖かい歓迎と準備で、非公開手続であるインカメラのプログラムにまで参加させてもらった。参加者たちは、日本型の閉じられた司法制度にしか馴染みがなかったため、ここでの経験には大いに啓発されたようである。カナダに限らず、各国には治療的司法に基づくすぐれた取り組み例がたくさんある。DCが有名になったが、それ以外にも多くの実践例が豊富にある。できるだけ早期に、検察庁をはじめ上に挙げた関係諸機関や専門家に海外事例を視察してもらってイメージを共有できるようになれば、非公式であっても日本の刑事手続に応じたかたちで薬物乱用者、精神障がい者、その他のいろいろなアディクト、依存症犯罪者らに対して治療的司法プログラムを導入することは難しくはないと思う。[*8]

治療的司法と刑事弁護をめぐる課題

　お読みになって了解されるように、海外では治療的司法は「問題解決型裁判所」という（準）公式のプログラムとして司法過程において裁判所のリードで取り組まれ、関係諸機関の協力の下に実践されているものである。法令の根拠がある場合だけでなく、非公式な取り組みについても、公的機関のイニシアティブでおこなわれる場合が多い。

　他方で、刑事弁護という機能のなかで治療的司法の精神を体現させようとすると、大きな壁にぶつかる。第一に、弁護人自身が問題解決型の思考様式に慣

れておらず、必要な知識について習得する機会が豊富にあるわけではない。第二に、日本の裁判所は、たとえ公式プログラムが用意されていない場合でも、非公式なプログラムを関係機関の協力を取り付けて実施していくという柔軟さや意欲に欠けている。第三に、司法と矯正、福祉と司法、行政と弁護、さまざまなアクターをコーディネイトする機関やセクションが我が国には存在しない。

　それぞれの壁について治療的司法を実践するに当たっては個別の努力や工夫で乗り越えていかなければならないこととなる。本書に収録されている髙野先生の取り組みは、まさに、その壁の乗り越え方を具体的に、そして圧倒的な存在感で示すものと言えるだろう。

　再犯抑止はもちろん社会の要請である。が、何よりそれは、被疑者・被告人の家族や友人の願いであり、同人の幸福につながる。治療的司法を志向するとき、そのどちらのモメンタムに突き動かされるかは大きな差違があるように思える。司法機関や連携する関係機関が社会的コストを使いながら治療的司法に導かれて活動するとすれば前者の要請を推進力とせねばならない。だが、弁護人の場合はどうであろうか。間違いなく後者に違いない。目の前の依頼人を更生させることができるかどうか、そしてそれが周囲の幸福につながるかどうか、それが刑事弁護人の本懐となるはずだ。

　いずれにしても、我が国では、公式の問題解決型裁判所が実現されるまでには、残念だが、しばらく時間がかかる。当面のあいだ、被疑者・被告人の再犯防止に目を向け、必要なリソースや機会を調達するたいせつな役目が弁護士の肩にかかっていると言わざるをえない。量刑を軽くすることだけではなく、再び依頼人が刑事司法の世界に戻ってこないよう、心を砕ける弁護士をひとりでも多く育成していくことが、結局のところ再犯防止を求める社会のニーズをも満たすこととなるはずである。

おわりに

　せっかくの機会であるので、拙文を終えるにあたってやや個人的な思いを書かせて頂き、稿を閉じさせていただく。

30年以上前のことになるが、わたしが刑事訴訟法学の道を志した学部生時代に、甲山事件裁判の傍聴を重ねていた。その頃、髙野弁護士は、弁護団の中心メンバーのおひとりとして法廷で舌鋒鋭く検察官と対峙されていた。それが髙野先生との出会いと言っていいだろう。もちろん先生の方は一介の学生であったわたしのことをご存じなどなかったはずであるが。甲山公判が1993年に終わると、お目にかかる機会もなくなってしまったのだが、10年ほど経ってから「季刊刑事弁護」誌の編集委員に着任し、裁判員裁判の量刑をめぐる座談会の司会を担当したことから、久しぶりにお目にかかることとなった。その後は、量刑関係の企画があると必ずと言っていいほど髙野先生に寄稿をお願いするという関係が続いた。

　その間、奈良弁護士会における情状弁護の活動ぶりについて活字を通して目にする機会を重ねていたが、それは実務の世界の"奮闘"記として眺めていただけで、まさか自分がこうした領域にコミットするようになるとは思いもしなかった。訴追過程や司法機能論が自分のフィールドで、弁護論であるとか、ましてや被疑者・被告人の更生といったテーマに挑むなどとは考えもしなかった。

　ところが、2007年にカナダから来られたオーマツ判事の講演のお手伝いをしたことが、わたしの目を開かせるきっかけとなった。それはトロントでおこなわれていた「問題解決型裁判所」の取り組みを紹介されたものであった。わたしは刑事政策が本業でないので、正直なところこのような新しい裁判所の活動に知識がなかった。しかも、その取り組みが実践的な挑戦というだけでなく、「治療的司法」という新しい司法観に基づいたものであること、こうした司法観を支える「治療的法学」と呼ばれる法学の新しい動きがあることについて不勉強であった。けれども、そのときにそうした動向を勉強する必要を痛感することができたのは、何よりも髙野先生が苦闘されていた「更生に資する弁護」活動を見聞し、その想いと姿勢に敬服していたからに他ならない。そうした繋がりが、冒頭に紹介した、2010年の『季刊刑事弁護』誌の特集、「"治療的司法"への道：再犯を防ぐ弁護活動と取組み」へと結実したわけである。

　これからわたしは、研究者の立場から、この治療的司法という新たな司法観を、いかに当事者主義司法を前提とする我が国の刑事訴訟法学にインプリメン

ト（埋め込む）していくか、という理論的課題を追求していきたいと思っている。同時に、弁護活動を通して再犯を防ぎ立ち直りを助けるという髙野先生の掲げられた理念を多くの弁護士に実践してもらえることを願っている。我が国でこれまで治療的司法に関心を寄せているのは主として犯罪学や刑事政策系の研究者であり、刑事弁護に結びつけて論じたものはほとんど見られなかった。実はこれは海外でも同様なようだ。けれども、実際のところ「更生に資する弁護」は問題解決型裁判所の発想を実践・具現しているし、その内容は柔軟で個別的で、ニーズ対応的なところは治療的司法と親和性が高いと思う。だからこそ先に指摘したように、「更生に資する弁護」とは日本版治療的司法なのである。

日本が今後、刑事弁護の領域で治療的司法の精神をさらに展開することができれば、世界にも例のない取り組みとして国際的に誇ることができるだろう。そうなったとき、髙野先生がご覧になって何と言われるか、伺ってみたい気がするのはわたしだけではあるまい。

* 本稿は、季刊刑事弁護64号（2010年）に掲載された特集「"治療的司法"への道：再犯を防ぐ弁護活動と取組み」の冒頭「特集の趣旨について」を基に、本書のために大幅に加筆したものである。

（いぶすき・まこと）

注
1 たとえば、小沼杏坪監訳、小森榮・妹尾栄一訳『ドラッグ・コート——アメリカ刑事司法の再編』（丸善、2006年）、『日本版ドラッグ・コート——処罰から治療へ』（日本評論社、2007年）、平野哲郎「ドラッグ・コート——アメリカ合衆国におけるリハビリテーション・ジャスティス（社会復帰的司法）の試み」判例時報1674号（1999年）27〜39頁、丸山泰弘「刑事司法における薬物依存症の治療——ドラッグ・コート政策の展開と諸問題」龍谷法学42巻3号（2010年）1321頁、尾田真言「ドラッグ・コート制度」現代思想38巻14号（2010年）171頁、森村たまき「米国ドラッグ・コートの現在」龍谷大学矯正・保護研究センター研究年報7巻（2010年）123頁、藤本哲也「時報サロン 犯罪学の散歩道（225）ドラッグ・コートって知ってますか」戸籍時報672号（2011年）137頁など。
2 文献紹介として、中央大学犯罪学研究会「アメリカ犯罪学の基礎研究（70） アメ

リカの少年裁判所法――要扶養少年、被放任少年及び非行少年の処遇と統制に関する法律、刑事司法における治療的法学（therapeutic jurisprudence）の可能性」比較法雑誌35巻1号（2001年）189頁、小林寿一「治療的法学（therapeutic jurisprudence）の発展と刑事司法への応用」犯罪社会学研究29号（2004年）128頁、渡辺千原「治療法学（Therapeutic Jurisprudence）：治療法学と問題解決型裁判所」アメリカ法2004(1)76頁、辻脇葉子「アメリカ司法における治療的法学の展開」『刑事法学の現代的展開（斎藤靜敬先生古稀祝賀記念）』（八千代出版、2005年）357頁、小林寿一「書評 B.J.ウィニック＆D.B.ウェクスラー：治療を重視する裁判実務:治療的法学と裁判所」犯罪学雑誌71巻1号（2005年）29頁。

　翻訳として、Maryka Omatsu（指宿・吉井訳）「トロントにおける問題解決型裁判所の概要――『治療的司法』概念に基づく取り組み」立命館法學2007(4)（通号314）（2007年）、ウォーレン・ブルックバンクス（荻野・吉中訳）「治療的法学：裁判とのかかわり（1）（2sss）」広島法学31巻2号（2007年）210頁・4号（2008年）282頁等を参照。

3　法務総合研究所研究部報告42号「再犯防止に関する総合的研究」（2009年）http://www.moj.go.jp/housouken/housouken03_00010.html　第2編第2章第1節3を参照。

4　その取り組みを描いた『更生に資する刑事弁護』（奈良弁護士会、2006年）は故・繁田實造弁護士のなされてきた量刑弁護実践を紹介するすばらしいパンフレットである。とくに若い法曹（裁判官、検察官も含めた）には必読である。

5　Bruce Winick & David Wexler（Ed.）, Judging in a Therapeutic Key（2003）.

6　Slobogin, Christopher, Therapeutic jurisprudence: Five dilemmas to ponder, Psychology, Public Policy, and Law, Vol 1（1）, Mar 1995, 193-219.

7　村本邦子「治療的司法の観点から見た法と心理の協働　トロントの治療型裁判所を視察して」法と心理　11巻1号（2011年）7頁。

8　たとえば、裁判官の観察記として、西岡 繁靖「世界の司法――その実像を見つめて（32）ジョージア州フルトン郡上位裁判所におけるドラッグコートの試み」判例タイムズ1060号（2001年）71頁、弁護士の訪問記として、中原修「薬物事犯の新しいアプローチに向けて――アメリカのドラッグコート、支援施設視察報告」季刊刑事弁護44号（2005年）178頁、医療関係者の訪問調査として、五十嵐 愛子・松下 年子「薬物依存症からの「回復」：アメリカ合衆国カリフォルニア州のドラッグコート視察より」精神科看護39巻7号（2012年）。

第 2 部

更生に資する弁護の実践

●第2部　更生に資する弁護の実践

●ケース1

クレプトマニアに対する弁護活動

1 事例の概要

1 Aさんの前科・前歴

　Aさんは、20歳頃から万引きをするようになったが、店員に見つかり警察に通報されるも万引きを止めることができず、2006（平成18）年に初めて公判請求される。1度目の裁判では、懲役10月、執行猶予3年の執行猶予判決であったが、Aさんは、判決後も万引きを止めることができず2度目の裁判を受けることになる。そして、同裁判でも、懲役1年、執行猶予4年（保護観察付）の判決を受けた。
　Aさんの家族は、2度目の裁判から、Aさんが刑事事件になりながらも万引きを止めることができないことに障害を疑った。そこで、Aさんを病院（赤城高原ホスピタル）で診察させたところ、クレプトマニア（窃盗癖）と診断されることになる。

2　髙野さんとの出会い

　Aさんは、上述の保護観察付執行猶予判決から8日後に、再度スーパーストアで食料品等（時価合計約5,000円）を万引きし、逮捕される。前裁判の弁護士は、Aさんを再度弁護することはできないと考え、「困ったときの髙野さん」という奈良での通説に従い、Aさんに髙野さんを紹介した。髙野さんは、Aさんを刑務所に入れる必要はないと考え、再度の執行猶予判決を得ることを決意し事件を受任した（事件①）。
　髙野さんは、1年2カ月続いた裁判の中で、赤城高原ホスピタルに入院するAさんと200通を超える文通をし、Aさんを励まし、時に叱りながら、二人三脚でクレプトマニアからの回復に向け歩み、裁判を闘った。そして、Aさんは、3度目の執行猶予判決（懲役1年、執行猶予5年保護観察付）を得ることになった。

3　Aさんの再犯

　順調にクレプトマニアからの回復に向けて歩んできたAさんであるが、3度目の執行猶予判決から1年後に再度万引きを行い公判請求される。Aさんは、奈良から引越し、髙野さんと会うことや治療のために病院に通うことが困難になり、クレプトマニアの治療を十分に行うことができていなかった。髙野さんは、再度事務所に依頼をしにきたAさんを見捨てることなく事件を受任した。しかし、Aさんは、在宅事件の公判中にもかかわらず再度万引きを行い逮捕・勾留されることになる。結局、髙野さんは、両方の事件を受任し、さらに、前刑の刑の執行猶予取消の裁判も受任した（事件②）。
　2011（平成23）年の事件当時、髙野さんは、病で体力も限界であったが、手術や入退院の合間を縫って裁判を続けた。最後は、車を運転することもできないほど弱っていたが、裁判では、Aさんのために死力を尽くし弁論を行っていた。
　以下、Aさんの事件における髙野さんの弁護活動を振り返る。

2　弁護活動の概要

1　事件①について

1　諦めない弁護活動

　普通の弁護士であれば、保護観察付執行猶予判決から約1週間後の同種再犯の事案を相談されたら、実刑を念頭に置くと思われる。そして、依頼者には、「どうにもならないから諦めなさい」というのではないだろうか。しかし、髙野さんは、Aさんに必要なのは刑事罰による矯正教育ではなく、治療による回復であると信じ、執行猶予判決を求めて戦いを始めた。

2　刑事裁判は生き直し・更生の場

　髙野さんは、起訴直後に保釈請求を行い、Aさんを赤城高原ホスピタルに入院させ、クレプトマニアの治療を受けさせた。そして、Aさんの治療回復状況を把握せずに裁判をするべきではないと、裁判官と検察官を恫喝（説得）し弁論を終結させず、約1年2カ月の間裁判を続けた。髙野さんは、2カ月に1度開かれる公判の度に、Aさんを病院から呼び寄せて被告人質問を行い、Aさんの治療状況・回復過程を公判廷で明らかにした。また、同時に、Aさんと交わしていた200通を超える文通を証拠調べ請求した。Aさんの手紙には、万引きを止めたいと願っているのに止めることができない苦しみ・葛藤などが記載されていた。

　髙野さんは、Aさんに対して、治療に専念し回復しろと伝えるだけではなく、自身も大好きな煙草を止めることを約束している（挫折もしているが）。弁護人と被告人という一線を画するのではなく、それこそ実の娘のように接していた。

　事件①については、上記弁護活動が実り、Aさんは再度の執行猶予判決を得ることになった。しかし、その後、髙野さんも病に倒れるなどし、また、Aさ

んが奈良から引越ししてしまったため、事件②が生じた。

2 事件②について

1 見捨てない弁護活動

弁護士は、労力を費やした事件ほど思い入れができる。

髙野さんは、Aさんの事件①で、約1年にわたり多大な労力を費やし執行猶予判決を得たが、Aさんは再犯に至った。通常、そのような事件であれば、弁護士は呆れ果て匙を投げるだろう。しかし、髙野さんは、決してAさんを見捨てることはしなかった。Aさんに必要なことは、刑事罰による矯正教育ではなく、治療による回復であることを信じ戦い続けた。

2 裁判に対して真摯であること

髙野さんは、事件②が生じてしまったことについて、「弁護人の努力は失敗したと痛切に感じている」と公判で述べている。すなわち、被告人が再犯をしたことについて、弁護人の努力が足りなかったと反省しているのである。被告人が再犯に至ったことについて、弁護人の努力が足りなかったと述べる弁護人が他にいるであろうか。

3 被告人と向き合うこと

髙野さんは、被告人及び裁判と、刑事弁護人として誠実に真摯に向き合ってきた。だからこそ、裁判で更生させると誓った被告人が再犯した場合には、髙野さん自身も反省をした。被告人は、自分のために反省する髙野さんの姿を見て、信じてくれた先生を裏切ったことに一度は悔やみ懺悔する。しかし、それでも髙野さんは自分のことを見捨てずに弁護活動をしてくれていることに気付き再度の更生を誓う。

犯罪を行う人には、不遇な環境を背景に持つ人が多い。多くの犯罪者は、人と人との絆・信頼を失っている。髙野さんは、それぞれの被告人と真摯に向き合い、被告人と絆・信頼を築いてきた。確かに、Aさんは再犯に至った。しかし、

Aさんからの手紙のとおり、Aさんは髙野さんと出会い、人と人との絆・信頼を取り戻している。髙野さんは刑事裁判を「生き直しの場」と述べていた。Aさんが髙野さんと出会い、髙野さんと一緒に治療に励み戦い続けた刑事裁判は、Aさんにとって「生き直しの場」であったはずである。

4 更生に資する刑事弁護

　髙野さんは、被告人に有利な量刑を得ることのみを目的として、更生に資する刑事弁護を行っていたわけではない。髙野さんは、「死力を尽くして我が被告人のために弁護活動を行えば、自ずと結果はついてくる」と述べていた。髙野さんは、裁判という生き直しの場を通じて、被告人を更生させてきた。裁判の過程を通じ更生した被告人に対して重罰は不要となり、結果として量刑も軽くなる。

　刑事弁護人・髙野嘉雄の被告人を更生させるという強い意思と真摯で誠実な姿に、被告人及び裁判所も感銘を受けたからこそ、数々の通常では考えられない判決がなされたのではないだろうか。

3　弁論要旨（事件①）

平成〇〇年（　）第〇〇号　窃盗被告事件
被告人　A

弁論要旨

平成〇〇年〇〇月〇〇日

葛城簡易裁判所　殿

弁護人　髙野嘉雄

　被告人に対する頭書被告事件につき、弁護人は下記のとおり弁論の要旨を提出する。

記

第1 本件行為の評価と再犯の可能性について

1 被告人の行為は病気によるものである。

(1) 赤城高原ホスピタルは国内で唯一のクレプトマニア（窃盗癖）の治療をする専門的病院であり、院長である精神科医師竹村道夫は日本で最も多くのクレプトマニアの患者を治療してきた権威ある医師であり、平成19年5月以降の被告人の主治医である。

同医師は被告人に対して、アルコール依存症、摂食障害、うつ病、薬物（処方薬、市販薬）乱用、クレプトマニア（窃盗癖）という診断をなしている（弁第176号証）。

また、被告人が平成19年7月から11月まで入院していた群馬病院の診察部長であり、精神保健指定医である三賀医師も被告人の万引き行為について「精神的ストレスを強く受けた後に行動異常の増悪を認めており、この点からも精神症状と行動異常が関連していることがわかる。以上から精神症状としての窃盗行為であり、病気によるものであるという今般の公判中の被告側の主張は妥当なものである。」としている（弁第1号証）。

(2) 2人の医師の指摘を待つまでもなく、2回目の万引きにより再度の刑の執行猶予判決を受けたわずか8日後に、また万引き行為をするなどということはおよそ通常人の常識からは考えられないことであり、被告人は「現実検討」（弁第176号証4/5）が不可能な状態で本件を行なったものであることは明らかである。

竹村医師の指摘するように「一過性の混乱状態に陥った」中での行為というべきである（弁第176号証4/5）。

(3) 被告人の本件行為は「一過性の混乱状態」の下での行為であり、精神症状と行動異常（本件万引き）が関連している「病気」によるものというべきであるのであって、本件は是非弁別に従って行動することが著しく困難な状態の下での行為、心神耗弱の下での行為ないしはそれに準ずべき状態の下での行為

であると評価されるべきであって被告人の人格責任は重くはないというべきである。

2　病気は医療によって治すべきであり、被告人は治る。

　被告人は本件行為後1年間精神病院、専門医の下で入院し、投薬、カウンセリング、ミーティング参加等の治療を受けている。

　その中でアルコール乱用は平成19年7月29日以降は途絶し、処方薬乱用は平成20年3月以降はなくなっている。

　体重は被告人自身の最高体重である40kg近くを維持している。

　本年5月の2週間の退院中の過食嘔吐は3～4回に減少している。

　うつ病についての記載は今回の意見書ではないが、抑うつ傾向、情緒不安定は軽減している旨前回の意見書（弁203号証4/4）に触れられている。

　要するに万引き行為の前駆的な精神症状と評価すべき摂食障害（過食嘔吐）、アルコール依存、処方薬乱用、抑うつ症状、情緒不安定は大幅に改善ないし完治しており、被告人のクレプトマニア症状をもたらす基礎的疾患は大幅に改善していると評価できる。

　竹村医師はクレプトマニアの治療について日本で唯一の専門病院である赤城高原ホスピタルの院長で、日本で最も多くのクレプトマニア患者を扱っている医師であるが、クレプトマニアについて「この疾患は治療に時間はかかるが、本人と周囲の人が協力をし、きちんと治療をすれば回復は可能である」と断言している。

　被告人について「適切な時期に退院し、その後は定期的に通院をして適切な投薬を受けること、カウンセリングを受けること、定期的、適宜に弁護士の髙野氏への報告をし、助言を受けること、心配があれば当院に短期入院をすることなどの注意事項を守れば予後は悪くない」とし、竹村医師の表現自体は非常に控えめではあるが完治するとしている。

　要するに被告人において上記注意を守れば再犯の可能性は非常に低いということである。

　そして被告人は平成20年5月15日以降の第5回目の再入院、即ち前回の公判

での2週間の外泊中の摂食障害は3～4回と非常に良好であり、クレプトマニアは勿論その他の精神症状も発現しないという良好な状態であり、その後は上記注意を完全に守って現在に至っているのである。

3 被告人の治療への意欲について

竹村医師の意見書にあるように、被告人は病院内のルール違反を犯すことは何回もあったが、しかしどんなことがあっても「クレプトマニアの治療を投げ出すことはせず、本人なりに前向きに取り組んできた」（弁第203号証4/4、同216号証4/5）のである。

盗癖ミーティング、摂食障害ミーティングには常に積極的に参加し、ミーティング場に一人で座り仲間を待っていることさえあり、クレプトマニア、摂食障害を持つ新患に対して、自己の体験を話して治療継続を説得するということもしている。

自己が病気であることを深く自覚し、積極的、主体的に治療に参加しているからこそできる行為である。

最新の竹村医師の意見書にあるように今回の外泊においては竹村医師に対して毎日メールで状況報告をしており、自己の健康管理に十分に注意を払っていることが解る。

精神的疾患については患者本人の病識、治療意欲が決定的に重要であることはよく知られているところである。

被告人は3回の裁判という危機的状況の中でこのことを痛感し、心に深く刻んで入院生活を送っており、病院での数々の失敗を繰り返す中で被告人の中に病識と治療への意欲は完全に定着したといってよい。

弁護人は被告人はクレプトマニアから完全に回復できるものと確信している。

第2 被告人を実刑とすることは著しく不当である。

1 本件は一般予防を強調すべき重大犯罪ではない。

被告人の犯したのはいずれも比較的低額な商品の万引きである。

手口はいずれもありふれた、単純なものであって、特殊な、巧妙な方法によるものではない。
　一般予防的視点から実刑とすべき理由は全くない。

2　特別予防の視点、教育刑の視点からも被告人を実刑にすべき理由はない。
　第1で述べたように本件を含めた万引き行為は被告人の反規範的人格によるものではなく、病気によるものである。
　赤城高原ホスピタルでの入院による改善はクレプトマニアその他の症状の大幅な医療の視点から投薬、カウンセリング、ミーティング等の認知療法等の治療によってもたらされたものである。
　刑務所における矯正教育、強制労働、規律の強制によって被告人のクレプトマニアが回復する等ということを期待することは一切できない。

3　被告人を実刑とした場合の弊害は重大である。
　被告人には3歳の長男がいる。成長期にあり、母親の愛情をもっとも必要とする長男から長期間にわたって母親である被告人を引き離すことは余りにも酷い結果を長男に与えることとなる。
　もし実刑となれば夫は幼い子を抱えて、離婚をも考えなければならない事態となる可能性もある。
　病気という、被告人本人のみに責任を負わせることの出来ないことがらにより、被告人はもとより、子、夫に苛酷な結果をもたらすことは著しく不当であり、社会正義に反するというべきである。

4　被告人は自力による更生が可能である。
　被告人は自己がクレプトマニアであるとの病識を有し、かつこれまで1年間余り自発的に入院して積極的、主体的に治療に参加してきた。
　主治医である竹村医師、看護師をはじめとする病院スタッフとの関係は深い信頼感によって支えられている。
　夫、両親は1年余りの被告人の入院生活を支え続けてきたのであり、今後も

被告人の治療には全面的に協力し、監督をし続けることはいうまでもない。家族との絆が回復していることは被告人の心情を安定させ、クレプトマニア的傾向を抑制することに極めて有効であることはいうまでもない。

　当弁護人も本件以降ずっと被告人と文通をし、電話連絡をし、被告人を指導し、監督をし、また助言をし続けてきた。

　被告人は竹村医師と当弁護人に今回の外泊期間中メールを送信し、ここ数カ月間被告人はコンビニ、スーパーに入る際には必ず当職の携帯に発信をしてきている。

　これは一種のおまじないではあるが、万引きするのではないかという不安感が解消すると被告人は言っている。

　当職は被告人がクレプトマニアから回復するまで、被告人の相談相手、助言者、監督者であり続けることを裁判所に対して誓う。

第3、第4〔略〕

第5　最後に

　本件審理に辛抱強く、1年もの時間をかけていただいた裁判官、そしてこれに反対しなかった検察官には弁護人として心から感謝している。

　被告人も絶望的な状況の中から漸く光明の光を見いだすことができている。被告人の夫、両親も同様である。

　被告人とその周囲の人々の緊密な連携の中でクレプトマニアから回復した、更生できたということを私は必ず実証することを誓います。

　裁きというものが人間味溢れるものでもあることを私は信じている。

　是非とも刑の執行を猶予されたい。

4　意見書（事件②）

平成○○年（む）第○○号　　刑の執行猶予の言渡し取消請求事件

被請求人　A

意見書（Ⅰ）

平成〇〇年〇〇月〇〇日

神戸地方裁判所
第2刑事部　殿

主任弁護人髙野嘉雄
弁護人小椋和彦

　上記被請求人に対する頭書請求事件について、弁護人は下記のとおり意見書を提出する。

記

第1　はじめに

1　弁護人の前事件における活動について

　(1)　主任弁護人は平成20年9月10日付の被請求人に対する窃盗被告事件の弁護人でもあった。同事件は平成19年7月6日付の被請求人に対する判決（懲役1年、4年間執行猶予［保護観察付］）後のわずか8日後にまた窃盗をなしたという事件であった。

　前件の窃盗事件とは併合罪となり、同事件についても刑の執行猶予判決を得ることは法律上は可能ではあるものの、それは事実上不可能であろうというのが当弁護人の予想であった。当弁護人は前件を担当した弁護人の依頼もあり、弁護人を引き受けたものの何が出来るか全く考えられない状況であった。

　被請求人と接見してみると被請求人はガリガリに痩せ、体重は30kg前半という状態であり、重度の摂食障害症状で生命の危険も感じ、起訴後直ちに保釈申請をし、被請求人が前刑の審理期間中入院していたアルコール中毒者、摂食障害のある窃盗症患者（クレプトマニア）の専門病院である群馬県の赤城高原ホスピタルに入院させた。

　(2)　被請求人は入院当日に禁止されていたアルコール（ワイン一本分）を飲酒したり、同室者の時計を窃取する等し、赤城高原ホスピタルでの治療は当面は困難とされ、同ホスピタルから通常の精神病院である群馬病院の閉鎖病棟に

転院させられた。

　4カ月近く群馬病院の閉鎖病棟に入院した後、被請求人は再び赤城高原ホスピタルに入院した。

　しかし被請求人は赤城高原ホスピタルに再入院後も病院内の売店、病院外のコンビニでも万引をし、同ホスピタルの所持品検査により病院職員に発覚した。

　その他病院内でのルール違反（患者同士の贈り物の禁止、食事のやりとりの禁止、服薬の拒絶等）を繰り返していた。

(3)　当弁護人はこのような中で被請求人に対して、様々な指示をした。

　亡黒田清氏の『会えて、よかった』（三五館発行）を送り、その全ての文章について感想文を書くこと、これを通して当弁護人から被請求人の内面にある問題点を指摘し、それについての意見を書くこと、又病院のルールを守ることが被請求人の病状、クレプトマニアを克服する第一歩である等の指摘である。

　尚、上記『会えて、よかった』は元読売新聞大阪本社編集局長であった黒田氏が取材で知った、厳しい社会環境の中で必死に、誠実に生きる人々を描いた30話余りの小話を記載した本で、当弁護人はこの本を少年、若い被告人の更生への動機付けのために読ませ、感想文を書かせることを情状弁護のひとつとして行なってきていた。

　更に長期の入院後に社会復帰の準備を兼ねて、一時退院を何回かさせていたが、その退院期間に必ず被請求人との面談を重ねた。被請求人が退院中の買物についても、透明な袋を持つこと、上着等は物を隠せるようなものを着ないこと、買物に行く時は当弁護人の携帯に架電すること等を指示した。

　赤城高原ホスピタルに入院中に万引をした時には、ヘビースモーカーであった当弁護人は禁煙を被請求人に誓い、被請求人も絶対に万引をしないこと等を誓わせた。担当医の竹村医師からは当弁護人の被請求人への働きかけは精神病治療法の一つである認知行動療法そのものであると評価された。

(4)　赤城高原ホスピタルの専門医による治療、病院内でのクレプトマニア患者によるミーティングにより、被請求人の摂食障害等は著しく改善され、受診状況も積極的となり、退院中も竹村医師とメールで症状報告をし、竹村医師の指導を受けるなどしており、最終的に竹村医師の、クレプトマニアの主要原因

である摂食障害は著しく改善され、窃盗行為に至ることはほとんどないであろうとの意見が提出されるに至った（弁第1号証）。

　尚、摂食障害に起因するクレプトマニアの大半はクレプトマニアの著しい改善を経て窃盗行為がなくなるというのが、専門医の臨床経験上の一般的見解である。

　このような経過の中で平成20年9月10日付の判決（懲役1年、5年間執行猶予［保護観察付］）を受けるに至ったのである。

2　当弁護人の基本的立場について

　(1)　当弁護人は「更生に資する弁護活動」を刑事弁護人の重要な任務であると約20年前から提唱し、これを実践してきた。

　弁護人の任務は判決で終らない。判決は、被告人にとって更生への努力を裁判所に認めてもらう通過点であって、更生に向けた実生活上の行動の出発点であり、その後の更生に向けた元被告人の助言者であり、協力者であろうとする志こそが更生に資する弁護活動の核心であるというのが当弁護人の基本的立場である。

　当弁護人は更生に資する弁護を指向するが故に、逆に被告人にとっては極めて厳しい態度で接している。

　犯罪被害者の苦痛、恨み、涙を被告人に突きつけることが更生に資する刑事弁護活動の最初の第一歩であり、被告人の父母、配偶者、子どもの悲しみ、苦しみを突きつけるのが次に続く、その上で被告人の反省を深め、規範意識を高めていくという手順で公判に臨んでいる。反省文を書かせ、ロールプレイをさせて（被害者、父母等の立場で自分の犯罪を考えさせるやり方）それぞれの立場からの犯罪に対する思いを文章化させるということを公判中に実践させている。

　クレプトマニア患者である万引犯もこの例外ではなく、被請求人も前刑事事件で当弁護人からの厳しい追及、批判を受けている。犯罪に至った者の社会環境、生活歴、心理状況を正確に知り、理解、認識することと、犯罪者にどう対応、対峙するかは全く別のことである。裁判所の同情心に訴え、寛大な処分を求め

る等という弁護方針は更生に資する刑事弁護の方針ではない。更生の道を歩もうとする姿、歩んでいるということを裁判所に提示し、適切な量刑を求めるというのが更生に資する刑事弁護の基本的立場である（当弁護人の立場については弁第3号証16頁以下）。

(2)　一般の常習的窃盗者の弁護活動について

当弁護人は常習的万引犯の弁護は何件も体験しているが、ほとんどは高齢者を中心とする経済的困窮者の事件であった。これらの事例については親族間の助力を求めたり、生活保護を実現するという方法で対応してきた。

国選報酬の範囲内ではあるが、仕事用の着衣を買い与え、ドヤ代を貸す等ということは普通のことである。

その中で当弁護人は公判廷で金に困って、困窮の余り万引や盗みをする位なら、検察庁、裁判所の前で行き倒れろと叫んだことも再々であった。本来福祉の問題である高齢者、障害者（特に知的障害者）、ホームレスによる微罪（万引、食品窃盗、無銭飲食等）の犯罪者が余りにも多く公判請求され、実刑判決を言い渡されていたからである。民間人であり、単なる国選弁護人である当弁護人が再犯防止のためにこれだけのことをさせられているのに、公務員であり、犯罪の防止のためにも努力すべき検察官、裁判官は一体何をしているのかという叫びであった。

規範意識が薄弱であるから常習的に窃盗や万引をするという、秩序維持を叫んで、自らは何もしない国家、社会、そしてこれを体現している検察官、裁判官に対する批判でもあった。再犯防止、犯罪防止をいうのであれば、その前提となっている社会福祉についてもっと目を向けるべきであるというのが当弁護人の立場である。

その日の食費、交通費、ドヤ代もなく、執行猶予判決を下されたホームレスの被告人に対し、何の対応もせずに釈放するというのが現在の警察、検察の対応である。緊急保護・更生施設による援助の助言さえしていないというのが現実である。但し、ここ数年、このような助言、指導をする検察官も出ていることは評価している。

(3)　クレプトマニアに対する弁護活動について

当弁護人がDSM-IV-TRがいう「他のどこにも分類されない制動障害」の中で「窃盗癖」としてカテゴリーされている、いわゆるクレプトマニア患者による窃盗（万引事件）を担当したのは被請求人のケースが初めてであった。
　前々事件である平成19年7月6日付判決の弁護人の主張や提出された弁護側証拠からクレプトマニアの何たるかは漠然と理解はした。しかしその判決後、わずか8日間で再犯に至ったこと、再犯事件で逮捕、勾留された後保釈して病院に入院したものの、そこでさえ何回か窃盗、万引を繰り返し、院内で飲酒するという被請求人の対応を当弁護人は全く理解できなかった。裁判官、検察官は理解できたのであろうか？
　規範意識（それは法律上の、盗むなかれという規範意識のみならず、社会的、家庭的な規範意識、両親や家族に迷惑をかけてはいけないという意識、あるいは今度やれば必ず実刑になるという強制力による行動抑止意識を含む）が全くない人、刑務所への収容という現実的苦痛を与えるしかないどうしようもない人、人間的な葛藤をすることもできない人としか考えられなかったに相違ない。
　当弁護人自身もそう感じていた。しかし当弁護人は、クレプトマニアは摂食障害という病気の一症状であり、被請求人はうつ病、アルコール中毒という基礎疾患がある人、その中で規範意識が鈍化して万引をしてしまう人と考え、赤城高原ホスピタルでの薬物投与を中心とした精神科的治療を基本に、当弁護人が志向していた更生に資する弁護活動を並行させて実行しようと決意し、被請求人を現実的に更生させてみせると考え、その結果を具体的に提出し、裁判所はその事実を踏まえて判決をするべきであると訴えたのである。
　検察官は被請求人が犯した別件（本年2月の万引事件、被請求人は本件刑の執行猶予の取消請求の原因となった、平成22年12月22日付起訴にかかる同年9月17日の万引事件の後、平成23年1月に自殺を図った後に、2月になって別件を犯した）の保釈請求に対する意見書の中で「相当長期間（前刑に至っては約1年2ヶ月間）入院し、そのため公判が事案に比し著しく長期化している」、「病気治療と称して長期間入院し、執行猶予期間を徒過させ、さらに本件等の公判をも徒に遅延させることは明らかである」と主張している。
　しかし摂食障害を基礎疾患としているクレプトマニア（窃盗癖患者）は、ク

レプトマニア中、約7割に達し、そのうち20代、30代の女性が圧倒的に多く、摂食障害患者の44％が万引をしているのである（弁第6号証「アディクションと家族」第26巻No.4中の269頁の高木報告、271頁の竹村報告、弁第5号証の同上第23巻の各論文参照）。

　明らかにクレプトマニアの万引、窃盗事件は、通常の万引事案と異なった犯罪類型であり、摂食障害という身体的病変とそれに伴う精神障害に伴って生じる犯罪であって「摂食障害の改善には患者の心理的、社会的発達が必要である。また病気が治らない限り、再犯の可能性は少なからずある。それは万引という行為が疾患と結びついているからである」（前同296頁以下の高木らの論文、301頁）。更生が期待できるのか否か、そしてそれがどの程度確実なのかは相当長期間の具体的治療とその実績を経てからでなくては不明なのである。クレプトマニアについては一般的な反省や家族等の監督の状況などでは再犯の可能性、あるいは更生への可能性という最も重大な量刑事情は判断できないのであって、上記の検察官の主張は失当である。

　しかし残念ながら一般的な反省、家族等の万引防止のための監督をもって、摂食障害に伴う万引被告人の情状とするのが裁判官の一般的傾向であり、このような被告人の再犯事案に対して「著しい規範意識の鈍麻」として厳しい判決をするのが一般である。

　クレプトマニア治療の最前線にいる精神科医らの専門家が、クレプトマニアに対する司法の無理解（弁護人も含めて）を嘆いている（前掲書の各精神科医の発言）。

　尚、クレプトマニアの弁護活動として当弁護人は本件以外に2例を体験している。1件は30代後半の女性被告人の、執行猶予期間満了後暫くしてからの再度の万引事件であり、一審で実刑となり（裁判所は著しい規範意識の鈍麻と原判決は被告人を酷評した）、控訴審で受任した事件である。この被告人は摂食障害はなかったものの、その事件の前の万引の否認事件（不起訴となった）について当弁護人が弁護を受任した際に被告人の言動に違和感を感じたこと、万引の動機が摂食障害をもつ万引犯のそれとは全く異なっており、当弁護人は広汎性発達障害を疑い、専門医に受診させた。専門医は被告人には特定不能の広

汎性発達障害があると診断した。そこで当弁護人は発達障害に見合った再犯防止策、万引をするなという一般的、抽象的規範的な注意ではなく、一人で店に入るな（一人で買うなではなく）という具体的行動の指示を与え、毎日の行動、特に店舗に一人では入らなかったか否かを当弁護人に報告する等という方策を実施した。控訴審で原判決は破棄され、執行猶予付判決（保護観察付）となった。

　もう一例は、70歳を越える高齢の女性被告人のなした保護観察付執行猶予中の万引事件であり、当弁護人は控訴審から受任した。この被告人は90歳を越える夫の母と統合失調症を病む息子の介護で、常時極端に疲労し、かつ将来の絶望感からうつ的症状を呈し、かつ痴呆症の初期の症状もあり、知的状況が低下する時に規範意識も低下する中で万引をしていたものである。毎日の生活をしゃんとすること、具体的には毎日朝、晩、夫と共に般若心経を唱え、できる限り明るい服を着ておしゃれをする、夫は被告人の気分を低下させないよう、有難う、きれいだよという声掛けをする等という再犯防止策を助言した。求刑は懲役1年6月、一審判決は懲役6月であったが、控訴審判決はその半分の懲役3月であった。この被告人には摂食障害はなかった。

3　前刑後の当弁護人の活動について

　(1)　平成20年9月10日付の前刑判決後も当弁護人は被請求人との連絡を維持してきた。被請求人からは当弁護人に対して買物に行く際には必ず携帯電話に架電があり、又夫との夫婦関係の悪化や子どもの状況に対する相談などの電話が何回もあり、夫からも当弁護人に対して被請求人の行動についての報告の架電が何回もあった。

　時に夫婦関係が悪化した際は、両者を呼び夫婦間の調整等もしていた。

　最大の問題は治療環境の悪化であった。

　関西地方には赤城高原ホスピタルの如き摂食障害のあるクレプトマニアの専門病院はなく、やむを得ず基礎的疾患であるうつ病、アルコール中毒のための病院に通わせるしかなかった。

　赤城高原ホスピタルの竹村医師はクレプトマニアの治療の中でクレプトマニ

ア患者間におけるミーティングを重要な治療の一環として位置付けており、同ホスピタルではこれが実施され、被請求人はミーティングに積極的に参加する中で、著しく病状が改善されたという実績があった。そこで当弁護人、竹村医師は被請求人に対して奈良県内でのクレプトマニア患者のミーティングを組織することを勧め、被請求人も赤城高原ホスピタルのミーティング仲間とインターネットを使って交流をし、関西地区在住のクレプトマニア患者との交流もするようになった。当弁護人は覚せい剤依存症者等の自立団体である奈良ダルクに被請求人を紹介し、被請求人はダルクの組織であるアルコール依存症患者のミーティングにも一時参加していた。

　そのような中で被請求人を中心として奈良県大和高田市内で摂食障害をもつ関西に居住するクレプトマニア患者のミーティングKAかんさい（後にKAひょうごが結成された後にKAならと名称変更された）が組織された（KAなら、KAひょうごについては弁第7号証）。

　(2)　その後平成21年3月、6月に万引事件を犯してしまった。

　3月の万引事件直後に当弁護人は被請求人、その夫などから事情聴取し、被請求人がうつ病、アルコール中毒の治療を中断していること、うつ症状の悪化が引金となって摂食障害が悪化し、それが進行する中でアルコールの摂取へと進行し、万引に至っているという状況が判明した。特に上記のとおりの症状の経過の中で、アルコールの摂取が万引の直接的なキッカケとなっていること、アルコールの摂取をさせないための抗アルコール剤を処方されていなかったり、処方されていても被請求人がこれを管理しており、中味を入れかえたりして被請求人は抗アルコール剤を服用していないことも判明した。そこで当弁護人は被請求人の夫に抗アルコール剤は夫が管理し、夫の目前で被請求人に服用させることを厳しく指示をし、アルコールを摂取した場合は当弁護人に直ちに告知することを被請求人、夫に指示をした。当弁護人から被請求人に対して注意、助言をすれば、被請求人は少なくとも暫くはこれに従うことが明らかであったからである。

　しかしそうした注意にもかかわらず、被請求人、夫らは当弁護人の指示どおりの対応が十分に出来ず、特にアルコール摂取が継続する中で6月に被請求人

は再び万引を犯してしまった。当弁護人は摂食障害の悪化、アルコール中毒の悪化、クレプトマニア症状の悪化状況からして至急赤城高原ホスピタルに入院させる必要があると判断して被請求人を緊急入院させた。

　尚、当弁護人が緊急入院を指示したのは不起訴対策のためでも、また執行猶予判決の取消請求対策のためでもない。平成21年3月の万引事件の際には緊急入院させていないし、今回問題となっている平成22年9月の事件でも緊急入院はさせてはいない。

　前者については被請求人の万引に至るパターンが明確であり、これに対する対処方法も抗アルコール剤の確実な服用とアルコール摂取が判明した時の当弁護人への告知と、当弁護人から被請求人に対する助言、指導という形をすればよいということが判明していたからである。

　後者についていえば、アルコールの摂取は前日のみであったこと、うつ症状の悪化、当弁護人自身が平成22年9月の再度の万引事件について、何故にまた万引をしてしまったのかの病理秩序が摂食障害の悪化、アルコール摂取の持続、そして万引というこれまでのパターンとは異なっており、当弁護人自身が理解できないでいたからである。摂食障害も必ずしも深刻ではなく、KAかんさい（KAひょうご結成後KAならに名称変更）、KAひょうごの積極的な参加と組織化を担当していたということから摂食障害レベルの問題ではなく、もっと深い精神病理上の問題に起因するものではないかと考えており（規範意識を形成する人間観、家族観についての考え方）、緊急入院ではなく、被請求人に対して今回の万引をした原因についてもっと深く考えてこれを文書化するということを求めて、これを実行させていたのである。

(3)　上記のとおり、当弁護人の被請求人に対する弁護活動は、全て被請求人のクレプトマニアの克服、治癒に向けての活動である。

　当弁護人は再々度の刑の執行猶予判決を求めること、あるいは刑の執行猶予判決の取消しを防止することを弁護活動の直接の目的とはしていない。

　勿論、刑事弁護人の基本的任務が、依頼人である被告人、被請求人の法的責任を軽くすることにあること自体は当弁護人も否定はしない。しかしあの手、この手を使って被告人の刑責を軽減させる等という皮相な考えで刑事責任を軽

くする等ということは姑息であり、現在の刑事裁判の厳しい現状の前では、そのような意図は実現しない。だからこそ当弁護人は更生に資する刑事弁護を提唱し、弁護人自身が更生の協力者、助言者となるべきであるとし、審理期間中に被告人の更生への決意を固めさせ、かつこれを実践させ、判決後も被告人の更生に協力し、助言しているのである。被請求人に対する前刑の刑事弁護、今回そして追起訴事件の弁護活動、そして本件刑の執行猶予判決の取消請求事件についても当弁護人の基本姿勢は全く同様である。

(中略)

第3 まとめ

　執行猶予の取消しは猶予期間内に行なわれた違反行為への制裁を目的とするものではない。執行猶予の対象者の改善、更生の困難さを示す事情として、これを考慮するにすぎない。

　執行猶予により、自律的に改善、更生することは困難、不可能であって、服役をさせ、強制的に矯正をさせる方が適切であるという場合に初めて執行猶予を取消すことが妥当であるのである。

　被請求人は、懸命に万引をやめようとして積極的に治療を求め、竹村医師が指摘する同じ症状をもつ患者同士のミーティングの有効性を信じ、ミーティングに積極的に参加するだけでなく、自ら奈良県大和高田市でのＫＡかんさい、兵庫県内でのＫＡひょうごを結成し、又これに参加し続けている。

　更に、本件の平成22年9月の窃盗事件後も万引行為の直接のキッカケとなったと考えられるアルコール依存症を治療すべく、アルコール依存症の専門病院（宋クリニック）に通院しているのであって、万引行為の再犯防止に最も適切で有効である治療行為を継続させることが最も適切な再犯防止策であり、被請求人の更生、改善のために適切なものというべきであり、この点からも刑の執行猶予を取消し、服役させることは不適切である。

　摂食障害による万引行為について、摂食障害の無理解から服役するケースは必ずしも少なくないようであるが、服役した後も摂食障害は治癒、軽快せず再

犯に至るケースは稀ではない。摂食障害者が服役中に死亡する例も少なくないという報告もある。

これらの事情と上記の如き事情も考慮すれば、本件請求は棄却されるべきである。

5 髙野さんからAさんへの手紙

●手紙1（弁第64号）

少しでも吐くのが少なくなって、体力が上向くことを祈っています。
裁判所の方は私が何としてでも頑張ってみます。
任しておいて、といえないのが少し残念ですが、私がやって駄目ならどんな弁護士がやっても駄目です。私はいつも被告人となった人々にそう言っています。貴女もそう思えるようになって欲しいと思います。
私はやるだけやる、やって駄目なら事実を、運命と思って受け入れる。しかし決して諦めない。人生は何とかなる。人間というのは地獄でも生きていける。考えてもどうにもならないことは、一切考えない。すべきことをするだけ、グチグチいわない。事実は事実として受け入れること、そしてそこから出発すること、それが後悔をしないということだと思っています。
これが私の人生訓です。
貴女から来る手紙を受け取る度に私の心も痛みます。
つらい、しんどい気持ちを文章にして、語るという作業はつらい作業ですが、どうしても通過しなければいけない過程と私は考えています。
書いている中で、必ず得るものがある筈です。
私からみても、貴女の中で少しずつ何かが変わっていると思います。
その日起きてから寝るまでの、周囲で起こったこと、したことを出来るだけ書くようにしてみて下さい。毎日の食事の内容も書いてみて下さい。

先日の水やりや草取りの話などの文章ですが、もう少し草の様子や日射し、熱気などが書き込まれていたらと思います。

自分を追い込むのではなく、解放していくことが必要なのです。

そのためには自分の行動、周囲の人々の状況、周囲の風景、たたずまいに注意を向ける、そしてそれを書くという作業が有効と思います。

そういう意味で多少文章の内容に変化をつけてみて下さい。

結果をあてにするのではなく、すべきことを着実にすること、今の貴女は少しずつ体重を増やし、体力をつけることです。

自分で工夫をして実行し、その結果を私に知らせて下さい。

必ず貴女の手紙を読みますので、続けて手紙を書いて下さい。

大変な迷惑をかけてしまった、大変な負担をかけてしまったということは事実そのとおりですが、それはもう起こってしまったことです。それ自体は、今更どうしようもないことです。その結果は受け入れるだけです。

ジタバタしてもどう仕様もありません。

しかし、未来は貴女自身がつくることができます。貴女しかつくることはできません。

体力を回復して、出てきたらできること、しなければならないこと、してはいけないこと等を具体的に考え、今から準備をしていくことです。

前向きに考える、生きるということは、今のつらさを訴えるのではなく、今の喜び、感謝の気持ちをできる限り伝えることです。

御両親、御主人、御主人の御両親にはつらさよりも感謝や喜び、あるいは周囲の状況等客観的な方向を伝える手紙を出してみるようにしてみてはどうでしょうか。

でもそれでは貴女もつらいでしょうし、貴女のつらさを受けとめるのが私の仕事ですから、私にはどんどん、つらさや苦しさ、悲しさを伝えて下さい。

バランスをとることを心がけて、それぞれの人達への働きかけをしてみて下さい。

生きている価値があるか等ということは考える余地はありません。人間

は生きているだけで十分価値があります。少なくともその周囲にその人のことを心配し、愛してくれる人、慕ってくれる人がいる人にとってはそれに答えるということが生きていることの意義なのです。
　しかし、そういう人がいなくても人間は生きているだけで価値があると私は考えています。
　殺人等の重大犯罪を犯した人の弁護を私は何件もしていますが、死刑が確定した人、無期刑で服役している人にもそう言っています。
　苦しんで、苦しんで生きているということだけでも生きている意味があるのです。
　貴女は苦しんでいるだけでなく、周りに沢山貴女を愛し、慕ってくれる人、心配してくれる人がいるのです。それだけで生きる価値は十二分にあります。死にたい等と考えることはそれらの人々に対する裏切りです。
　ここ1週間位の手紙は読んでいて嬉しい内容のものが多かったと思っています。
　嬉しかったのは、眠剤の量が減ったこと、体重が1kgとはいえ増えたこと、吐く回数が減ったことです。
　本当に嬉しかった。少しずつかも知れませんが、着実に変化していると評価しています。
　貴女は読書としてはどんな本が好きですか。読書感想文の作成という作業に入ってみたいと思います。
　本日、亡黒田清さんというジャーナリストの『会えて、よかった』という本を送ります。
　私は人が生きていく上で人との絆というものが必要不可欠であると考えています。
　多くの犯罪や問題行動の原因は、この人との絆がつくられていない、絆にネジレが生じているということにあると考えて、被告人や少年達にこの本を読ませて感想文を書かせています。
　貴女もこの本のひとつひとつの文に、感動しなかったものも含めて、毎日1本感想文を書いてみて下さい。

> 貴女からの手紙がつくのを楽しみにしている今日この頃です。
> 最近はやや酒量が増えています。夜の来客（新聞記者等）が増えて、その結果、酒の量が増えるという状況です。
> 妻はいつも私に苦情をいっています。

●手紙２（弁第68号証）

> 前略
> お父さんと会えた時の貴女の喜びを読んでいて、本当に嬉しく思います。親と子の絆を新しくつくりあげていく一歩になればと願ってやみません。
> 人間は人と人との間で生きていく存在です。
> 親とどういう絆をつくっていくのか、夫とどういう絆をつくっていくのか、子どもとどういう絆をつくっていくのか、人々とどのような絆をつくっていくのかが生きていく上での課題だと私は考えています。
> 私は私がすべきことを120％していく、誠実に生きる。相手方がどう評価するのかは結果にすぎない。結果がよければ（相手が私を信頼し、誠実に対応してくれる）、それはそれで嬉しいわけですが、結果が悪くても（相手が悪意をもって対応してくる、私を評価してくれない）それはそれで事実として受けとめますが、私の対応は変えません。それでも私はその相手に変わらずに、誠実に対応します。それが私の生き方です。
> このような私の生き方は小学生の時から芽生え、中学校、高校、大学で困難な事態と直面しながら貫き通して現在に至っています。
> 弁護士となって一度挫折しかかったのですが、乗り越えました。
> リラックスして生きる、自分がやりたいからやるということを教えてくれたのは、２週間余りのアメリカ旅行でした。ジャズ喫茶店に入って人々が陽気に騒いでいる様を見、ハーレムの路上で黒人の子達が生き生きと路上バスケットをしているのを見てそう思いました。
> 帰国してすぐに免許をとり、中古自動車を買い、それ以降毎週土曜日は釣りに行くようになりました。

それは35歳位の時です。それからは一切の不満から自由になれました。
　ところで、貴女の吐くという症状については、私自身は胃の条件反射的なものであると考えています。全く医学的根拠はありませんが、何となくそう思います。心理的ストレスによる生体の自己防衛的なものから始まり、それが持続していく中で条件反射となってしまったというのが私の考えです。
　ということは、ほっといたらそのうちに元に戻るだろうというのが私の見方です。
　専門家は何といっているのでしょうか。
　さて、先に送った本の感想文を書いてみて欲しいのですが、未だ本を読む気になれないのなら無理をしないで下さい。私は貴女がその本に記載されているような人々の生き様に素直に感動できるようになれば、貴女の「病い」は治ったと判断できると考えています。

●手紙３（弁第１３０号証）

前略
ウーン、難しい問題です。
欲しいという気持ちは自体はどうしようもないですね。
普通は、欲しい、しかし金がないということで諦めて、それで終りです。
私なら一番欲しいものをまず買い、残った金で次にどれを買うかを決めます。金が足りなければ、その金で買えるものを買うということをするでしょうね。
普通は与えられた金を大枠にして、その枠はこさないということが前提となっています。
してはいけないことはしないということは成熟した人にとっては当たり前のことなのですが、これが中々難しいのです。
煙草は体に悪い、まして私は高血圧でしかもかなり重度の糖尿病なのです。１年半位禁煙していたのですが、昨年たった一本の煙草を、酒の勢い

でこの位大丈夫だという気持ちで喫ってしまい、元の木阿弥に戻ってしまいました。

　もう一度禁煙をしたいのですが、中々その気になりません。

　貴女の手紙をみていて、もし貴女が私に禁煙してください、もし私が禁煙をしてくれるのなら私も万引を止められるというのなら、禁煙してみようかなとも考えています。

　昔、私の妹の健康回復を願って禁煙したことがありました。

　妹が回復したのでまた喫煙を再開したのですが。

　少し検討してみて下さい。

　私も禁煙をすべく、苦しんでみることにします。

　但し、これは禁煙を意識し、禁煙を実行するための助走をしてみるということです。

　言い訳じみた手紙になりましたが、私も弱い人間なのです。

●手紙4（弁第132号証）

　前略

　今、私はノタウチまわっています。

　11月1日浜松市で開かれた日弁連人権大会の日から私は禁煙をしました。

　実は、私は心のうちでは10月31日をもって煙草をやめる、11月1日から禁煙を実行するという決意をし、何人かの親しい人にその旨伝えていました。

　しかし11月1日、私は浜松駅の売店でロングピースを買い、人権大会でも1日、2日と場外で煙草を喫っていました。会場に戻ると私の名がスクリーンに出ていて、至急事務所に連絡をせよとメッセージがありました。

　何となく胸騒ぎがして事務所に電話をして貴女のことがわかりました。

　私が煙草をやめていないことを神様が知っていて、貴女に悪戯をしかけて、私をこらしめたのかと、本当に私はそう思ったのです。

　ゴメンといったのは私の本音です。

東京、浜松と31日、1日、2日と出張で貴女からの手紙は読んでいませんでしたが、10月29日付の手紙、御主人のことについて書いた手紙を読みました。
　貴女は御主人のメールを読むんですね（多分こっそりとでしょうが）、私は絶対に妻の手紙、娘達の手紙を読みません。勿論メールもみません。
　私は妻や娘といえども他人の心の底を盗み見ないことを信条として生きてきました。
　私は他人がどうであろうが、私は私らしく、私自身に誠実に生きる。
　他人が私のことをどう評価し、どう対応するかはその結果にすぎない。
　人の心の裏をみたところで何もはじまらない。
　みてしまうとそれこそ金縛りになり、失望するだけなのです。
　ですから、私は弁護士としての仕事をする中で依頼者の人に対して「パンドラの箱をあけるな」と忠告をしてきました。
　自分らしく精一杯生きてきたら、それでよいのです。
　娘達には常にこういってきました。恋愛は必ずしも成就するとは限らない。しかし恋愛をすることは精一杯、自分らしく生きることなのだから、成就しなかったからといって後悔したり、相手を責めたり、恨むことはするなといってきました。
　私はこのような姿勢で今日まで生きてきました。
　貴女に対しても同じです。
　私は貴女の万引がやむまでつきあいます。
　多分万引はもう少しで、終わるでしょう。
　しかし悩みは中々尽きないものですので、当分はつきあいは続くと思っています。
　尚、判決については、私は私なりの自信があります。

●手紙５（弁第133号証）

前略
　今日は22日、禁煙を始めたのが確か11月2日ですから21日間禁煙しています。
　イライラのしどおしで、頭がボヤケルこともあります。
　しかし、私自身は煙草を喫わないというよりも、煙草を買わないということに力点を置いています。
　喫わないと思うと、何か猛然と反作用があるような感じだからです。
　あと10日間位するとだいぶ楽になると思います。
　もう暫くの辛抱です。
　10日の土曜日は淡路島に釣りに行ってきました。
　フグの一種が結構釣れ、家に帰って刺身や鍋、煮付けにして食べました。
　煙草がない分、イライラを鎮めるために酒の量が増えています。
　多分今の私は貴女より精神的にはしんどいと思います。
　まあ、私がシンドイということの一端を貴女が知っていてくれるというのは何となく、嬉しいというか、耐えられるという気持ちにさせます。
　勿論、シンドサの一端を知っているのは貴女一人ではないですけどもね。
　もう少し頑張りましょう。

●手紙６（弁第174号証）

前略
　12月末くらいから今日まで手紙を書けませんでした。
　正直に言います。
　実は、12月下旬から煙草を喫ってしまい、現在も喫っています。
　約束を破ってゴメンなさい。
　再度禁煙に挑戦しますが、今暫くの猶予を下さい。
　本当に人間は欲望に弱いなとつくづく思い知らされています。

パンのことといい、差入れのことといい、ささいなことのようですが、本当はささいなことに本質があります。
　駄目なものは駄目なのです。事実としてどのような不本意なものであり、不満なことであっても受け入れることができるかどうかという問題です。
　私は様々なことについて私の考えを十分にいいますが、その上で決まったことについてはこれを受け入れます。
　事前に言うべきこと、すべきことをしているから、その上で生じた事実は事実として受け入れるということが可能と考えています。
　しかし、タバコというものは恐ろしいもので是非とも貴女からの激励の言葉、あるいは「脅迫」の言葉を待っています。
　私はシンドイことをする時はまず、回りの人々を巻き込んで、ガチガチに身動きができないようにして、ようやく第一歩を踏み出すことができるというタイプなのです。

●手紙7（弁第175号証）

　前略
　先日の喫煙しだしたことの告白文は届きましたか。本日読んだ貴女からの手紙で私が煙草を喫っている夢をみたとあり、一瞬ドキッとしてしまいました。
　やっぱり悪いことはできないなぁとシミジミ思っているところです。
　それと貴女の手紙がその時に生じた衝動を他の人に告白するというやり方、あれはいいと思います。効果的です。
　先日の手紙にも書きましたが、私はそういうタイプです。周囲の人々に私からいろんなことを積極的に打ち明けて、自分を縛るというやり方です。
　私は司法試験に合格して絶対に弁護士になると中学校時代位から皆にいっていました。
　いろいろ苦労したけどどうにか実現したというわけです。

●手紙8（弁第69号証）

　前略
　昨日、御主人と電話で色々と話をしました。
　御主人には伝えてありますが、私はこの裁判に希望をもっています。
　勿論、結論を出すのは裁判官ですから、100％大丈夫とはいえません。
　しかし、私は私の持てる力を振り絞って闘っています。
　貴女との手紙のやりとりもそういう闘いの積み重ねなのです。
　私の貴女が自分自身を取り戻すためにはこうすべきであるとの確信の強さについては、私は絶対に日本国中の弁護士に負けませんし、どんな裁判官にも負けません。
　私の確信を打ち破る力を持つ裁判官はいないと私は自信を持っています。
　一番大事なのは、この間の数カ月間の私と貴女のやり取り、病院での貴女に対する治療の中で貴女が確実に変化しているという自信です。
　自信をもつのにはかなりの時間が必要ですが、この間の私達の努力を評価し、貴女もできる限りの努力を尽くしているということを自覚することです。
　そして、この状況を持続するという決意をもつことです。
　毎日手紙を書くこと、そして私がそれを読むこと、病院内で体力を回復することです。
　この間の手紙で裁判を控えて心が揺れているようですが、それは自然なことです。
　結論がどうであれ、自分は最大限、できるだけの努力を持続するという気持ちこそが大事なのです。
　尚、当日は被告人質問はしません。審理は続けさせます。
　詳しくは前々日10日の夕方に打ち合わせをする時に説明します。
　またお会いできることを楽しみにしています。せいぜい美しく装って来て下さい。

6　Aさんから寄せられた追悼文

　髙野先生と私の出会いは3年半から4年くらい前になるだろうか？　過去のこと（自分自身の事件のことも含めて）をすぐに忘れてしまう私だが、留置所の面会室で初めて会った時のことは忘れていない。はじめの印象は"話しやすそうな自信にあふれている人"だった。

　私の盗癖がどういう私の中の"暗"から出てくるのか、いろんな切り口から（家族のこと、過去の出来事、今の私というふうに）考えて下さった。自分自身でも気付かなかったことを気付かせて下さった時もあった。

　また髙野先生は私の心の中にある汚い所や欠点を見つけ出すだけではなく、それを責めるのではなく受け入れて下さった。私の汚い所とは、お金に汚いところ、セコいところ、人を信用せずに利用するところ、親に対してまだうらみを持っていること。夫のことも信用せずにただ利用しているところなどなどだったが、そのどれもひとつづつ私が自分で自分の欠点に気付けるようにストレートに言葉を投げて下さった。

　だから万引きした時は盗んでしまったことよりもそういう欠点に目を向ける日常生活から離れ、飲酒し過食おう吐のひどくなって困っているという状況をまず先生や医師に事前に相談しなかったということについて責められた。

　先生は怒ったら、本当に怖かった。警察の刑事より検事より怖かった。それだけ私のことを思って下さっているということも考えられなくなるくらいで、先生が面会に来て下さっている時に何度か逃げ出しそうになるくらいだった。でも必ず最後には笑って、「大丈夫、だってオレ（"私"とおっしゃったかな？）がついている」と、私を安心させるようなことを言って下さった。

　でもとにかく、私が万引きした時にクレプトマニアであるという病識を私が持っていなかったことを厳しく批判された。私自身は持っているつもりだったが、お父さんのような存在の髙野先生に、良く思ってもらいたい（ここまで欠点をさらけ出しときながら）という気持ちで自分の行動が危なくなっているこ

ケース1　クレプトマニアに対する弁護活動　　109

とを言い出せなかった。素直に助けて！　とヘルプサインを出せなかった。先生はそのあたりのことでも「私も信用していない」とおっしゃっていた。

　クレプトマニアについては、病気としてひとくくりにするのではなく、"私"の場合は飲酒や摂食障害がひどくなってその上にあると考えて下さった。"食べて、吐いて、飲酒して、盗る"という一連の流れを私の典型的な生活の悪循環だと、気付いて下さった。深く私の心の奥のことまで考えて下さったと思う。

　そんな、人間味のある先生は、私のことを被告人であるという目で見るわけではなく、対弁護士として話すわけでもなくあくまでも１人の人間、困っている人間として、どうやって切り抜けていくか、どうやって生きていくかについて同じ目線にたって一緒に考えて下さった。

　先生自身、自分の欠点を私にさらけ出して、自分自身の弱点を私に見せて私と同じ位置まで下りてきて、それを克服するための方法を一緒になって考えて下さった。具体的な事で印象に残っていることは、電話している時、「君が万引きをやめるのと同時に私もタバコやめるよ」と言って、電話越しにガタンとタバコとライターを捨てた音を聞かせて下さったこともあった。それから「オレだって、君にオレの体のことを心配して欲しい」と言われたこともあり、私は本当は先生の体のことを心配していたのだが、立場上、口に出すのは失礼かと思っていたので、意外な気持ちになった。きっと先生は私に"人を思いやる"ことを教えたかったのだろうなと思う。

　先生は、また「私のことをどう思っているのか？」とよく聞かれた。私は先生に内緒で飲酒していたり吐いていたりすることで先生を傷つけていたんだ、裏切っていたんだと、悟った。

　「都合よく、利用できる人」と思ってないかとの問いに正直返す言葉がなかった。なぜなら私は人を利用するところがあるからだ。お父さんのような存在で先生も利用していると思われても仕方のない人間だと自分で思う。先生は弁護士として自分を見るのではなく１人の人間として見て欲しかったんだとあとになって気付いた。

高野先生、天国はどんなところですか？　居心地いいですか？　先生の好きなタバコ、お酒、存分に楽しめているのでしょうか？
　先生が天国から今の私のこと見守って下さっていること信じています。ふと独り言で先生に話しかけたりしているのですよ。刑務所に入らなければならないと決まった時、先生は「何であれ、毎日続けることを決めて実行しなさい」とおっしゃったので日記、腹筋運動、英語の勉強は毎日続けていますよ。
　先生が天国に行ってしまって、とてもさみしいですが1つだけいいことがあります。それは先生の体のこと、タバコとお酒のことを心配しなくてよくなったことです。

●第2部 更生に資する弁護の実践

ケース2
少年の更生に付き添う弁護活動

1 事例の概要

1 少年の補導歴等

　少年は、両親と姉の4人暮らしであった。少年は、中学校3年生のときに、いわゆる「おやじ狩り」などの事件を起こし家裁に送致され保護観察処分となっていた。
　しかし、少年は、保護観察処分中にもかかわらず、恐喝及び傷害事件を起こした。少年は、友人と共謀し、飲食店で飲食中であった被害者Aを店の出入り口付近に連れ出した上、「殴るぞ、殺すぞ」などと言い現金の交付を受けた（恐喝事件）。さらに、知人の被害者Bに対し、拳で腹部等を数回殴打するなどの暴行を加え傷害を負わせた（傷害事件）。

2 髙野さんとの出会い

　少年は、自暴自棄になり付添人を必要とはしていなかったが、少年の保護司が髙野さんを付添人にするよう両親に勧めた。髙野さんは、少年と面会し、少

年の将来性、更生可能性を強く感じ、少年の付添人になることを決めた。少年は、髙野さんの指導のもと生活態度や考え方を変え、再度の保護観察処分を受けることになった。以下、髙野さんの付添人活動を振り返る。

2 弁護活動の概要

1 情報を収集すること

　髙野さんが少年と接見した回数は、警察段階、鑑別所段階を通じて8回である。この回数だけを見れば、少年事件を担当する弁護士の中で特筆すべきことはないが、注視すべきはその中身である。

　髙野さんは、1回の接見に1〜2時間の時間をかけて少年の話を聞き、少年の幼少期や学校での出来事、興味があったこと、習い事について、友人関係、親との関係、過去に起こした事件のことなどを詳細に聞き取った。そこでは、いつごろ何があったということだけでなく、それをどういう気持ちでしていたのか、どういうことが嬉しかったのか、なぜ嫌になったのかという少年の思いを聞き取ることに重点を置いていた。

　少年が元来高い能力を持っていることは、前事件でも指摘されており審判にも表れていた。しかし、髙野さんはそこから一歩踏み込んで、幼少時の経験やプライドによって少年が集団でのリーダー的存在であろうとする心理にまでたどり着き、そこから少年の更生意欲を導き出すべく働きかけている。髙野さんは、自身の少年時代、青年時代の様々な経験を話し、少年が自分の能力に思い上がって努力をしていないことを指摘し、不良仲間の中ではなく誠実に努力して生きている人々の中で能力を発揮するように助言している。

　少年事件においては、ともすれば少年の生育歴等に関する情報収集は家庭裁判所調査官の調査に頼ってしまいがちである。付添人の立場で髙野さんのような一歩踏み込んだ姿勢は、真の更生に向けた取り組みとして特筆すべきであろ

う。

2　少年特有の心理状況を理解すること

　少年は、最初の接見の時に、髙野さんに「他人の痛みを考えていなかった、反省している」等と発言した。しかし、髙野さんは、言葉面の反省ではなく、少年が動機の正当性を強く主張している点を重く捉えた。
　髙野さんは、少年事件には少年特有の仲間意識やその仲間内での人間関係があり、それが犯罪に大きく影響していることが多いと述べている（本書第3部収録の「子どもたちのおかれた状況」181頁以下）。
　本件の少年は、前件の「オヤジ狩り」について、サッカーを辞めたがっていた少年の友人が家出をしたことから、その生活費として金銭を得ようとしたことを動機として述べた。当時の少年は、オヤジ狩りは悪いことだとわかっていたが、友人を助けるためには違法なことをするしか手段がなかったと正当化していた。しかし、共謀の場において、万引きやひったくりといった手段も挙がったが、「同じするならでっかいことをしたい」という思いでオヤジ狩りになったという経緯があった。少年は、友人のためと述べるが、そこには自身のリーダーシップを顕示したいという動機が垣間見えた。
　本件傷害事件についても同様であった。被害者Bが、少年の友人らと関わらない旨約束していたにもかかわらず、被害者Bが友人らと遊んでいたため被害者Bが約束を破ったと怒り、Bに暴行を加えたというものであった。
　このような少年の姿からは、自分なりの正義感を強く持ち、グループ内の中心的存在でありたいという思いを持つ一方で、問題解決に臨む視野は狭く、安易に暴力的手段に訴える傾向があることがうかがえる。髙野さんは、そうした少年の特質のうち、視野が狭い部分には正面からぶつかり、少年に対し、少年の主張の根底にある少年の歪んだ価値観、正義感に注目し、その歪みを修正する働きかけをしている。少年の行動はグループ内でのリーダーの地位を保持するために見栄を張っただけのものであることを指摘し、少年自身に自らがリーダーでありたいという思いを持っていることに気づかせた。

3　更生に向けたアプローチ

　上記のとおり、本件少年は、潜在的に高い能力を持っていたものの、中学生になってから怠学していた影響で、学年相応の学力には追いついていなかった。少年は、元来優秀であったものの挫折した結果、不良の世界で一番になることを目指していた。

　そこで、髙野さんは漢字の問題集や参考書などを差し入れ、少年に学習をさせた。少年に学習をさせるのは、学校生活を過ごすための自尊感情を高めることや、学校での居場所を見つけさせることに目的があった。もちろん、少年事件で身体を拘束されている約1カ月期間の学習には限度がある。そのため、髙野さんは、事件終了後も継続的に少年と関わりを持つ前提で少年に学習をさせている。

　また、髙野さんは少年に『会えて、よかった』という本を差し入れ、感想文を書かせている。少年は、各短編ごとに感想文を作成して髙野さんに渡している。その感想文の中には、物語に対する感想にとどまらず、それを自分に投影して綴っているものもあり、少年が読書を通じて自分の過去と向き合っていることがうかがえる。髙野さんは、鑑別所での接見終了ごとに、裁判所に意見書を提出し、それぞれに、それまでに少年が作成した感想文を添付している。家庭裁判所調査官や少年鑑別所がする少年の観察とはまた別の観点で、少年の内面やその変化を把握することができるようになっている。

　感想文を書くことの最大の利点は、少年自身が真摯に自分の境遇や過去と向きあう機会を得ていることであろう。それは、鑑別所で日課として強要されているものではなく、少年の自発性を尊重するものである。実際の感想文からは、読書を通じて少年が自発的に過去の自分と向き合い、これまでの自分や親を含めた周囲との関係に問題点を発見していることが読み取れ、自ら変わっていこうとする意欲が感じられる。

　少年は、髙野さんの付添人活動により、自身の偏った正義感、プライドが高いことなどの問題点に気付き、社会に役に立てるような人間になりたいと更生を誓った。そして、審判の場では、「将来は髙野先生のような弁護士になりたい」

と述べ、髙野さんを照れ笑いさせていた。結果は、再度の保護観察処分であった。

4 更生に資する刑事弁護

　審判終了後、少年は、髙野さんの厳しい指導についていくことができず、髙野さんのもとを離れた。その後、少年は成長し更生に向けて歩んでいるが、髙野さんを「人生の師」であると述べている。

　少年事件の付添人の活動期間は、約2、3カ月程度である。毎日接見をすることができるわけでもなく、現実的に少年のためにでき得る活動は少ないかもしれない。しかし、弁護士は、少年のために付添人に就任した以上、最善の付添人活動を行わなければならない。

　髙野さんの付添人活動を振り返ると、少年の更生に付き添う付添人の活動として、求められている姿が見えてくると思われる。

3　報告書

平成○○年（少）第○○号　　　傷害
少年　X

　　　　　　　　　　　　　報告書

　　　　　　　　　　　　　　　　　　　　　平成○○年○○月○○日
奈良家庭裁判所　御中

　　　　　　　　　　　　　　　　　　　　付添人弁護士　髙野嘉雄

　当職は少年の付添人であるが、弁護人、付添人に就任した後、警察での接見（3回）、鑑別所での接見（3回）をなし、少年と長時間の話し合いを実施し、父母との間、現在交際中の少女と面談、事情聴取をしたので、この間の当職の

活動、少年の状況について以下のとおり報告する。

記

1　当職の少年事件に関わる姿勢について

　当職は17年前に20年間所属していた大阪弁護士会から奈良弁護士会に登録替えをしてきた。

　登録替えをした理由のひとつが少年事件をしてみたいという思いがあったからである。

　当職は登録替え直後から更生に資する刑事弁護を標榜し、生き直しの場としての法廷という考え方を季刊刑事弁護等に公表してきた。

　奈良においても少なくない数の少年事件を担当してきたが、観護措置4回目、3回目の事件も何回か担当した。いずれも保護観察処分となり、審判後現在まで10数年間交流が続いている元少年も何人かいる。

　私の付添人活動の柱は主に3つある。

　ひとつは親子関係の修復、私の言葉でいえば絆の形成、回復である。

　そのための方法として私は親には、少年達からの会わせて欲しいという叫びがあるまで、私がもういいだろうと判断するまで面会はさせない。これは少年に助けて下さいと本音を叫ばせて、互いにつらかった、つらかっただろうと語らせるためである。

　更に親と子にそれぞれ黒田清著『会えて、よかった』（三五館）を読ませて、その感想文を書かせ、それを互いに読ませるという方法をとっている。『会えて、よかった』は30余りの短い記事（全て実話）が載っており、様々な苦しい境遇の中で正面から困難と闘っている人々が語られている。その中のいくつかの話は少年、親の体験と重なりあう状況の下での生き方であり、少年も、親もそれらに感動をした感想文を書く。

　それを互いに読むことにより、新しい少年像、両親像を互いに知るようになる。

　次にするのが勉強の指導である。

　ほとんどの少年は小学校4年生以降はほとんど学習をしておらず、学力がそ

の程度で停滞しており、それが劣等感となり、学校、学級から疎外され、同じ境遇の少年らとたむろし、あげくに非行を犯すという実態がある。それを改善するためには少しでも学力を向上させることが必要だからである。

そして最後に付添人である当職は審判後も少年や家族と関係を維持し、交流をするということである。元少年のみならず、無期懲役中の服役者との手紙のやりとりをずっと継続し、懲役13年の判決を受けた受刑者を満期出所時に刑務所で迎えるということもしている。

上記の如き当職の実務経験、姿勢で本件についても担当をしている。

当職の少年事件についての認識、少年、服役者に対する継続的取組みの実例は添付資料のとおりである。

2　当職は少年の中学1年までの状況、勉強はトップクラス、サッカーは日本代表レベル、ピアノも抜群であったこと、中学に入ってから生活が荒れ、父親に暴行を振るい、C学院に入所し、そこも教官と対立して出所したこと等を両親から詳細に聴取した。両親からの事情聴取の中で両親が少年を恐れ、親として少年を指導する自信を喪失していると判断をした。

少年との最初の警察での接見は2時間以上に及んだ。

少年は多弁であり、話の展開は論理的であり、目は正面から当職を見つめるという状況であった。少年のプライドの高さ、大人だから、弁護士だからといって、それに屈服しないという強い意思を感じ、学力はともかく、その感性の良さ、能力の高さを感じさせた。

当職は事件（傷害事件）について少年から詳細に事情聴取をし、前回の事件（本人は親父狩りと称していた）についても事情聴取をした上で、本人の心境（反省）を述べさせた。

本人は被害者の苦痛、怒り、悲しみを考えなかった等との反省を語ったが、私はそんなもの反省でも何でもない、反省をしているように振る舞っているだけだ、どこが悪かったのか、本当はどうすべきだったのか話すことを求めた。しかし少年は前回の「親父狩り」については、サッカーを辞めたいといったのに親が認めなかったために家出をした友人が生きていくためには現実には万引

したり、親父狩りをして違法に金を入手するしかない、悪いことと分かっていたし、自分からそんなことをしないが、友人の現実からしてそれ以外になかったと説明をした。

　本件の傷害についても、Bが少年の友人達を犯罪に巻き込んだ、もう友人達と付き合うなとBにいい、Bも付き合わないと約束したのに約束を破った。何で約束を破ったと問い詰めると嘘をいった、だから殴ったというだけであった。

　そこで当職は「親父狩り」については、その友達と一緒にその父親と会い、座り込み、ハンストをするぐらいの気持ちでサッカーを辞めさせてあげてくれと何故頼まない。本当に友人のことを考えているのなら誠心誠意頼め、ウンといってくれるまで家の前で正座しろと断言した。

　本件についても、何故Bを殴るんだ、友人達こそ、Bと交際するなと強く助言するのが筋である。Bにも問題があるが、友人らの方こそ問題があると断言した。

　そして2つの事件とも、要するに不良仲間に対する少年の見栄であり、自分のリーダーとしての地位を保持するためにやっただけだろうと断言した。

　少年は当職の指摘には全く反論、否定をしなかった。少年は私の指摘を受け入れたのである。

　更に当職は自分の少年時代の体験も踏まえて、才能については上には上があること、君は自分の能力に思い上がって、努力をしていない、努力に努力をしなければいけない。しかし努力を尽くしても目標は達せないこともある。それでも努力を尽くしたということが本当の自信になる。君は現在の状況の下で仲間中でのトップになれるだろう、働いてもそれなりの地位につけるだろう、それだけの能力は君にはあると断言し、しかしそれでいいのか、高校中退で肉体労働者として生活していたいのか、今の友人達と同じような人々の間で偉そうに振る舞っていいのかと問い、君は司法試験を受けても合格できるだけの素質はある、私は君のような体験をした人に弁護士になって、少年事件をしてもらいたい、立派な弁護士になれると断言した。

　少年は私の言葉に深く感動した様子で初回の接見の別れ際に先生に会えてよかった、感謝しますといった。

3　鑑別所での接見は、現在までに3回である。いずれも1時間から2時間余りの接見である。

私は前記の『会えて、よかった』、国語の漢字を中心とした学習参考書、問題集（小学4、5、6年）、国語辞典を差入れし、『会えて、よかった』については全ての感想文を書くこと、漢字の問題については鑑別所にいる間に中学3年までの問題を全てマスターすることを指示した（提出された感想文を全て添付する）。

直近の接見では、学校をどうするのかという話を中心にした。現在の高校は3年間で単位を取得すればよいこと、県立高校では強制退学はさせないこと（これは当職が請願筆頭者となって県議会で議決させ、その後奈良県立高校からの強制退学処分はされなくなった筈である。この請願も当職が担当した高校生の非行事件において、県立高校でも、本人に更生の意欲が十分にあるのに強制退学をされた例があったためである。）、本人は高校を卒業した後、2年、3年浪人してでも中央大学に入学したい等と話をしていたが、キチンと勉強すれば浪人しなくとも大学に合格すること、関大でも立命館でもよい、東京に行くことはない等との話をしている。

勉強については、遅れを取り戻すため、大学進学を目指すなら勉強漬けになること、友人と遊ぶ等ということは考えるな、携帯も持つなと助言した。本人はこれを了承した。

更に現在真面目に交際している少女（15歳）との交際を継続したいということも当職に相談してきたが、彼女も少年と同じように努力をする、例えば准看護師になる等をするということになればよいが、とにかく、交際を認めるか否かは当職が彼女と会って決めると答えた。一昨日、少年の母親と一緒に事務所に来た少女と面談をした。少女は年齢に不相応に派手な服装、化粧をしてきた。当職は少女と約1時間面談をしたが、少女は美容関係の仕事をするのが子どもからの希望であり、諦められないことを言明したが、当職が少年の現状を説明すると涙を流して喜んでいた。誠実な少女であることは十分に察せられた。

当職からは少年との交際を認めるとしても交際は手紙による通信と月数回決まった日時、時間、場所でのデート、セックスは少年の大学合格までしないと

いうことを示した。少年も少女もこれに同意している。

　当面の課題としては『会えて、よかった』の全話題についての感想文を作成すること、山本周五郎の『サブ』の感想文を書くこと、その上で両親のこと、友人のこと、事件のこと、将来のことについての自分の思いを作文にすることを指示している。

　鑑別所を出た後についての勉強については、両親と当職の間で、数学、英語（これらは自習での学力向上は困難である）についての塾あるいは家庭教師の段取りをしている。

　最後になったが、少年から頭髪についての相談を受けた。長髪のままでよいのか、短髪の方がよいのかである。少年自身はその両方について自己の意見を述べていた。

　当職はこれまでの自分のあり方を変える、その決意を形にすること以外に長髪、金髪、茶髪をし、派手な格好をする友人との交際を断つために、ダサイ格好をする方がよいと助言した。

　当職は少年は近日中に短髪にすると考えている。

4　意見書

平成〇〇年（少）第〇〇号、同第〇〇号　　〇〇事件
少年X

　　　　　　　　　　　　意見書

　　　　　　　　　　　　　　　　　　平成〇〇年〇〇月〇〇日
奈良家庭裁判所殿

　　　　　　　　　　　　　　　　付添人弁護士　　髙野嘉雄

　少年に対する頭書保護事件について付添人は下記のとおり意見書を提出する。

第1　各保護事件について

1　傷害事件について

　少年は被害者Bに対して暴行を加え、同人に全治約7日間の傷害を負わせたものであるが、各暴行は飛び蹴り、手拳による殴打等であり、素手による、単独での暴行、傷害であり、一方的な加害行為ではあるが特に重大な結果をもたらしたものではなく、暴行態様も凶器を使用したものと比すると違法性も高度なものではない。

　暴行、傷害の動機であるが、少年の友人らを非行に巻き込んだBに対して、少年は友人らとつるんで再び非行をさせることのないように友人らとの接触をすることのないようBに求め、Bもこれを了承し、2度と少年の友人らと接触しないことを約束していたにも拘らず、Bがこの約束に反して少年の友人らと接触したことに原因があった。少年がこの点についてBに釈明を求めたところ、Bは少年との約束に反して接触したものの、接触をした理由について曖昧な説明に終始したため、少年はそのような対応に怒って暴行に及んだものである。暴行、傷害にまで及んだことについて、少年は強く非難されるべきであるが、その動機自体は特に悪質なものではなく、むしろ友人に対する友情に発したものであって、必ずしも非難すべきものではない。

　更にBとの間では示談も成立し、Bは少年を宥恕している。

2　恐喝事件について

　少年は金欲しさから本件恐喝事件をなしたものであるが、喝取金額もわずかであり、脅迫も執拗なものでもない。

第2　少年の事件当時の生活状況について

　少年は平成21年6月に、試験観察の後に保護観察処分を受けているところ、その後の生活状況は基本的には改まらず、不登校、喫煙、不良交遊等を繰り返

しており、その中で本件の恐喝、傷害事件をなしているものであって、両親による少年の監督、指導が不十分であり、少年の更生への決意も不十分であったことは付添人も否定しない。

　そのような状況の下で少年に対して厳しい保護処分を検討するのもあながち不当とまではいえないかも知れない。

第3　本件後の生活状況について

　1　付添人との接触、話し合いについて
（1）当職は少年との長時間の接見をこれまで8回なしているが、当職とめぐり会ったことで少年の状況は激変している。

　当職は37年余り弁護士として活動し、多くの少年事件も担当しているが、本件少年程の素質を有した少年にめぐり会ったことはない。又少年が非行に至った経過も手にとるように理解することが出来た。少年は幼い時より、サッカー、ピアノ、知力に恵まれ、両親をはじめ周囲の大人達から強い期待をもたれていた。また少年は幼少時代からその聡明さ、強いリーダーシップの下で友人らからもリーダーとして持て囃されていた。

　しかし、いかに地域で優れていたとしても、日本は広く、素質のある子ども達は多いのである。小学校でサッカーの日本代表となったとはいっても、少年以上に能力のある子どもはいくらでもいるのであり、ピアノ、勉学についても才能のみではその力量は頭打ちとなるのである。勉学について日々の努力をしなければ、当然学力は落ちるのである。サッカーで頭を打ち、学力で頭を打つ中で少年は学内で落ちこぼれていくのは当然である。それでも強いリーダーシップと自尊心をもつ少年は、落ちこぼれ仲間の中では常にトップにおり、リーダーであった。それが前件の事件であり、本件の事件をもたらしているのである。

（2）少年は最初の接見の時に、当職からの本件傷害についての反省状況についての質問に対し、殊勝にも、他人の痛みを考えていなかった、反省している等と発言していた。

しかしその内容はこの種事案で付添人が助言する反省そのものであった。そして少年は大人への不信感を秘めたその眼は鋭く、当職を信用をしていないことは明らかであった。前件の「オヤジ狩り」についてはあの時は現実に友人が生きていくためにはそれ以外のことは考えられなかった等と弁解をしていた。サッカーを辞めることを一切認められず家出をした友人が生きていくためにはそれしかなかった等というのである。本件傷害についても、暴力を振るったことは反省はしていたがその動機の正当性を強く主張していた。

　当職は少年の主張の根底にある少年の価値観に注目した。少年には独自の価値観、正義感があり、それが少年の行動の核になっていることに気付いたのである。その価値観、正義感は歪んだものではあるが、その歪みさえ修正すればこの少年はひとかどの人間になれるというのが当職の最初の印象であった。少年は両親や教師ら大人に対する不信感、そして不良集団という現実の環境の中で価値観、正義感を歪ませていたのである。

(3)　当職は前回の友人の家出に端を発した「オヤジ狩り」や本件について、どう対応すべきであったか、なぜそんなことになったのかを問い、当職の考えを示した。

　お前のやっていることは友人のことを真剣に考えてのことではない、単に「友人」の中で虚勢を張り、自己の存在を誇り、その力をみせつけているだけであると断言した。友人であるならば、サッカーを辞めることを友人の親に認めてもらうためにその友人と親に真剣に頼まないのか、それでも辞めさせないというなら、ハンガーストライキをするなりして自分達の真剣な気持ちを訴えるのが当り前であるといった。

　今回の事件もB君の問題ではなく、少年の友人達の対応にこそ問題がある。B君が事件に巻き込んだ、だから接触するなとB君にいうのではなく、その友人達にこそ、もう非行はするな、警察の厄介になるようなことはするなと忠告し、それでも友人が非行をするというのなら離れるのが当然ではないか、自分がB君に約束させたことをB君が守らなかったから殴る等というのは自分のB君や友人に対する支配力の暴力的誇示以外の何ものでもないと断言した。

　大体なんでそんな不良行為（怠学、喫煙、徘徊等）をするのか、サッカーで

も、勉強でも1番になれなかったから、不良共の中で威張っているだけのことだと断言した。

少年は私の指摘に一言の反論もできなかった。

恐らく少年の人生の中での初めての体験であろう。自分以上の能力を持ち、自分の考えの誤りを厳しく指摘し、生きるべき道を初めて大人から示されたと思った筈である。

当職は君がいるべき場所はそんなところではない、誠実に生き、努力して生きていく人々の中に入れ、そして君の能力をその中で発揮しろと助言した。当職は当職の少年時代、青年時代の様々な経験を話した。

(4) 最初に当職が少年に指示したのは、黒田清の著作『会えて、よかった』を読むことと、その全ての文章についての感想文を作成することであった。『会えて、よかった』は様々な苦境の中で誠実に、真剣に生きていく人々を語った文章である。どんな人でも必ず涙し、誠実に、一生懸命に生きようという気持ちにさせる文章である。少年は30数編全てについての感想文を書き切った。感想文を読めば少年の心が劇的に変化しているのが分かる。更にその字の状況をみれば少年が漢字の勉強をし、努力していることも分かる。

その後当職は山本周五郎の『サブ』、『赤ひげ』、『あおべか物語』等一連の山本周五郎の作品を差入れて少年に読ませている。

山本周五郎の作品は社会の底辺で誠実に生きる人々の物語である。

少年はこの読書と感想文の作成、漢字学習をする中で、鑑別所の中で一歩一歩確実に生き直しをしていると当職は確信している。

(5) 少年は地道に努力すること、地道に勉学をするということを中学以来全くしていない。

そこで当職は小学校4年からの漢字、国語の問題集と漢字検定の問題集、国語辞典等を差入れて、毎日勉強することを指示し、少年は勉学に励んでいる。独力では身につけることの難しい数学、英語については両親と当職の間で、塾ないし家庭教師の選定を進めている。

少年は高校に復学し、卒業して大学の法学部に入学すること、大学卒業後はロースクールに入って司法試験に挑戦する決意をもっている。毎日の時間割を

考え、大学受験を真剣に考えている。司法試験などというと唐突に聞こえるかも知れないが、これは当職の少年時代、青年時代の生き様を少年に語る中で少年が当職の生き方に共鳴したからのことであって、別に唐突でも何でもない。勉学中心の生活をするために、携帯電話をもたない、派手な格好をしない、バイクを手放す等を話し合い、少年はそうする決意をしている。

　女友達とのことも当職と話し合っている。当職は女友達の高校生と面接をし、少年の現在の心境を語り、女友達との青年らしい交際を求めた。月に何回か会ってもよいが時間、場所は当職が指示することに従うこと、セックスは一切禁止し、メール等での連絡はせず、手紙に限定する、ケバケバしい格好で交際はしないことなどである。

　女友達は涙を流して当職とそのようにすると約束をしている。

(6)　現在少年は丸刈りとなっている。これは当職が指示したわけではない。

　少年は当職に頭髪をどうしようか迷っているという相談を持ちかけてきた。当職は頭髪を短くして反省していることを裁判官、調査官にアピールする等というケチな気持ちなら丸刈りにするなと助言した。

　しかし生き直しをする、自分は今までの自分とは違う、もう不良仲間とは付き合わない、ガリ勉となる、そのために丸刈りするということなら髪は切れと助言した。そして学校に戻り、まず先生に真剣に勉強したいと伝えること、そしてクラス会で鑑別所の中で形成した自分の思いをクラスメートに伝えることを助言した。

　少年は必ずすると誓っている。

　両親は現在の高校からは自主退学を打診されているが、転校よりは、3年間で単位をとれば卒業できる現在の高校に通学する予定をしている。当職は奈良県立高校において、非行少年を強制退学をすることの不当性を主張し、復学して更生の道を歩むため、強制退学をしないよう求めた請願の筆頭署名者である。これを受けて県議会はこれを承認し、現在では強制退学はしないというのが教育委員会の原則的方針となっている。

2　両親の対応について

少年は父親に対して、尊敬の念と否定的な思いを有している。

父親の学歴を尊敬し、他方で父親が能力で人を差別することに嫌悪感を有していた。

当職はエリートとみられる人々でもエリート間での競争と挫折を経験していること、父親もその例外でないことを語った。少年は父親の全く別の側面を感じたようである。

母親に対しては素直な愛情を感じており、問題はないというのが当職の考えである。

前回の事件後は少年は父親、母親との会話もするようになり、少年の両親に対する嫌悪感は基本的には消滅しているといってよい。

しかし両親の過度な期待が少年の挫折をもたらしたものであり、双方の信頼の完全な回復にはまだ時間がかかると思われる。

暫くは当職に対する状況報告と当職を入れた少年と両親の話し合いが必要であると考えている。

3　当職の指導と監督について

当職は少年とは生涯の関係を持とうと考えている。

少年は稀な素質（知的能力、運動能力、音楽へのセンス、リーダーシップ）を有しており、司法試験位は必ず合格できると確信している。又その価値観、正義感は今後より成長し、立派な大人になれると考えている。

当職は真剣に少年の将来に寄与したいと考えている。

既に報告しているように、当職は更生に資する刑事弁護、付添活動の提唱者であり、実践もしている。必ず少年の将来を見届ける。

最も大事なのは審判後の生活の安定であり、誘惑多き現実社会の中での地道な努力の開始と継続であるが、この点は当面は当職が本人、両親と話し合いの場を継続的に維持し、これを厳しい監督体制の中で維持していく所存である。

4　まとめ

以上のとおり、少年の更生への決意、将来への希望は確実なものであり、付添人も含めた少年の保護環境は十二分の体制である。

　当付添人は少年に対しては社会内処遇、保護観察処分となすのが最も妥当であると確信する。

　万一裁判所においてこの少年の決意が本物か、どうか、あるいは安定した生活の中で定着するのかどうか多少の不安があるとしたら試験観察としてその点を確実にすることも付添人としては異議がない。

　当職の家と少年の家は近いので日常的な指導、監督を実施し、裁判所にもその状況を報告する。

以上

5　少年から寄せられた追悼文

　髙野先生と僕が初めて出会ったのは、16才の夏のことでした。その時の僕は、無職でろくに家にも帰らず、毎日、暴走や薬物を使用して遊び呆けていました。そして、傷害事件を起こし逮捕され、二回目となる鑑別所入所までの日々を、留置場で待っていました。前回の事件の審判では、私選弁護士を付けてもらい、なんとか試験観察となったので、今回は絶対に少年院行きだと覚悟していたので、弁護士を付けるつもりは、両親も僕も無かったのですが、保護司さんが付けてあげてと両親に頼んで下さり、紹介して下さったのが髙野先生でした。初めて留置場での面会で、髙野先生と話をした時は衝撃を受けました。僕はそれまで、弁護士とは、依頼人の罪をどれだけ軽くできるかを考えているだけと思っていました。でも、髙野先生は違いました。審判のことなど、どうでもいいといった感じで、とにかくボロクソに怒られました。正直その時は、「少年院にどうやったら入らないで済むかを考えろや、それがお前の仕事やろ。」と、反抗的なことを思っていました。でも、髙野先生は、怒っているのだけれど、その中に優しさが感じられました。そんなことは初めてでした。僕は、自分の

ことをクズだと思っていたし、今までしてきたことを考えると、客観的に見てもクズだと思っていました。なので、どうせ自分は変われない、と投げやりになっていました。けれど、髙野先生は、「お前は、不良の世界でお山の大将になってうれしいのか。お前が居るべき場所はそこじゃないだろ。今からでも十分やり直せる。自分の能力を正しい場所で正しく使え。」と言って下さいました。その時の感動は言葉では言い表せない程のものでした。こんな自分のことを厳しく怒りながらも、認めてくれて、うれしくてしょうがなかったです。それと同時に、この人に付いていこう、やり直そうと心から思いました。最初の反抗的な気持ちは、話し終えたころには、嘘のように消えていました。こうして僕の更生への道がスタートしました。まず髙野先生は、『会えて、よかった』という本を読むよう言われました。この本は、様々な困難にぶつかりながらも前を向いて生きていく人達の実話集で、これを読んで、僕の中の汚れていた心がシャワーで洗い流されるような感じがしました。それを始めに、髙野先生が選んだ本を読み、それの感想文を書くという作業をしていく内に、僕の心はどんどんきれいになっていく気がし、事件のこと、家族のこと、友人のこと、自分の問題点等について、深く考えていくことができ、様々なことに気付かされました。面会では、あいかわらず怒られてばかりでしたが、やはり優しさを感じることができ、いつも笑顔で先生は帰っていきました。髙野先生は、僕のことを高く評価してくれて、自分の最後の弟子とまで言って下さいました。僕も、人生の師だと思っていました。あっという間に時は過ぎ、審判の日となりました。その時には、少年院に行こうが行くまいがどっちでも良い、自分のやることは決まっているし、髙野先生が付いていてくれる、と思えるまでになっていました。結果は、奇跡的に保護観察で社会に戻れることになりました。

　社会に戻ってからも、月に1〜2回程、髙野先生に会いに行って、指導を受けていたのですが、服装や髪型、勉強時間にまで厳しく言われるのに、不満を感じ、「自分のペースで、自分のやり方で更生します。」と言い残し、髙野先生のもとから去っていきました。

　髙野先生のもとを去っていく時に見た、先生の寂しそうな顔が、僕は今でも忘れられません。

先生が生きている間に、更生した姿をお見せすることができなかったことは、悔やんでも悔やみきれません。けれど、天国からいつも先生が見守ってくれていると信じています。そして、僕の心の中で髙野先生は生きていて、今でもよく怒られています。

　髙野先生の最後の弟子の名に恥じないような、立派な人間になれるよう努力します。それが自分にできる、せめてもの恩返しだと思っています。

　髙野先生という人生の師に、出会えたことを心から感謝し、この世を去ったことを心から悼み申し上げます。今まで本当に御苦労様でした。どうか安らかに御眠り下さい。

● 第２部　更生に資する弁護の実践

髙野嘉雄語録

　１　もっと、髙野さんが書いたものを読みたい。その声に応えるため、数ある意見書、弁論要旨等の中から、いかにも髙野さんらしい言葉を、語録としてピックアップした。
　収録にあたって、語録を読んで改めて感じたことを記してみたい。

　２　髙野さんは、厳しかった。
　執行猶予の望みがないことを嘆く被告人に、身から出た錆だと言い放った（語録７）。
　髙野さんは、罪に、後悔に、絶望に逃げることを許さなかった。
　環境が恵まれなかったことに対する同情だけを訴える弁護を嫌った。同じ環境の中で懸命に生きている先輩や親の思いを伝えようとした。その人たちの絆の中で生きていることを自覚させようとした（語録５）。少年には、誇りと自信を獲得していく道を示した（語録６）。
　髙野さんは、いつも、更生に、希望につながる答えを示していた。

　３　髙野さんは、少年とも対等だった。
　強い口調で説教することが得意であったが、通じていないとわかると、途端に弱気になった。面会を拒否した少年に対して送った、丁寧な弁解の手紙（語録２）には、髙野さんの人柄が最もよく表れている。
　この手紙の最後に記した「私の願いはひとつです。君がニコニコ笑えるようになってほしいのです」という言葉は、この少年に対してだけのものではない。

髙野嘉雄語録　　131

関わったすべての少年・被告人に対する髙野さんの想いである。
　そして、(語録11)は、このような手紙を少年に送ることを含めて、髙野さんそのものである。

　4　髙野さんは、1人ではなかった。
　髙野さんの意見書等には、事務職員の中島さんや田上さんが登場する(語録5ほか)。時には少年に一緒に勉強を教え、時には情状証人となった。
　まわりも、更生の輪に巻き込まれていった。
　被告人の同房者が、情状証人として法廷に立った(語録10)。裁判官には高みからの言葉ではない説諭を求め、裁判官もこれに応えた。「彼を更生させたのは各裁判官のシンナーから必ず脱出できるという励ましの言葉であり、そのような人々の期待に応えようという彼の意欲であった」(語録9)。

　5　語録の中に、髙野さんにしか書けないと断言できる下りがある。
　「私はここで断言するが、私に最初に報告があれば私は(シンナー吸引の事実を)握りつぶして裁判所には絶対に報告をさせなかった。裁判所(具体的には調査官)としては通報があった以上、立件せざるを得ないのは当然だったと理解する。しかし私自身は本件少年の最近の変化状況を具体的に知る者は例外なく私が握りつぶすことを納得してくれた筈であると確信している」(語録5)。
　このあり得ないと思われる言葉でも、髙野さんであればあり得ると思わせる力があった。本当に握りつぶしたとしても、本当に調査官ですら納得してくれたのではないかと信じてしまいそうになる力があった。
　髙野さんには、更生を一番信じているのは自分だという確信があった。まわりもそのことを信じていた。

　6　語録の対象は、決して明るい出来事ではない。救われない事件があり、悲惨な事件がある。
　それなのに、読むと、心が温かくなるように感じるのはなぜだろう。
　髙野さんは、人間が好きだった。更生を信じることが好きだった。

どんな事件であっても、この意見書を、弁論要旨を書き上げるとき、髙野さんの心は希望に満ちていたのではないか。

　「髙野嘉雄」という魔法は、これまで関わった人たち、この本を手にとった人たちを通じて、伝わり、広がり、解けない。

語録1　上申書より

　当付添人は、少年事件に限らず、事件について争いのない場合の弁護については、いかにして本人の更生をはかっていくのかを最重点においています。
　身体的な拘束については2カ月や3カ月程度のものであれば釈放には重点をおいていません。
　むしろ逮捕、勾留という身体を拘束された中で、深刻な不安感を逆用し、より本質的な問題についての自省を深め、自己の人生を振り返らせることに重点をおいています。
　特に、少年事件についてはそのような視点を重視しています。私の経験から、少年鑑別所での生活は少年に深い自省の機会を与える場として、むしろ積極的に利用すべきであると位置づけています。
　私は20年間大阪で弁護士を開業しており、本〔1993〕年5月に奈良に登録替えをしてきたこともあって、少年審判官におかれては私のこれまでの弁護、付添人活動を御存知ないと思いますので、以下私の一般的な刑事事件、少年事件についての弁護方針をやや繁雑ではあるかも知れませんが、述べさせてもらいます。
　私は犯罪、あるいは反社会的行動というものについてそれを犯した人の人格について、二つの側面から考え、理解していかねばならないと考えてきました。
　その一つは生来的な性格的側面です。具体的に申し上げますと、日常生活の中で残忍な行動、暴力的傾向、あるいは働かずに盗み等で金を得るということ

が傾向的に見られるかということです。

　正直申し上げて家庭内、職場、友人等との関係などの普段の生活の中で暴力的傾向がみられる人々、いわゆる粗暴な者はどちらかというと生来的な性格傾向を有する者が多く、これらの者については自力による更生は極めて困難であるというのが私の結論です。

　もうひとつの側面というのは、その者をめぐる人間関係、即ち家庭環境、職場環境、友人環境の中での人格形成の歪みの問題です。

　これは、後天的な社会的環境の中でものの考え方、行動パターン等が主な問題となります。父母、職場の上司や同僚との人間関係、友人との人間関係についての考え方がどのような形で歪められているのか、又その歪みは自力により再生できるのかという問題です。一定の年齢となり、又厳しい現実の中でその歪みがその者の人格そのものとなっていたりしている場合は自力による矯正は困難であるというのが私の結論です。

　ところで、私は人間が反社会的行動に走るのは、その人が自分にとってかけがえのない存在というものを有していないからであると考えます。

　自分にとってかけがえのない人々を有している時、その人を苦しませ、泣かせ、又絶望のどん底に陥らせ、あるいは経済的、社会的な苦境に陥らせるようなことは絶対にしないと考えています。

　これは、私自身が70年代の厳しい社会状況の下で学生運動や党派活動のはざまの中で体験させられたり、あるいはこの20年間の弁護士生活の中でいわゆる過激派の事件や一般の刑事事件を多数経験する中で実感した結論です。

　弁護活動の基本は、犯罪を犯した者に、自分にとってかけがえのないものの存在を気づかせることにある、そしてそのかけがえのないものと自己との関係を正常な形に戻していくことにあると思います。

　私は、大阪弁護士会で修習生の刑事弁護の講師を数年間していましたが、修習のゼミの時によく与えた課題は、覚せい剤等の薬物事件における反省とは何かというものでした。確かに薬物が社会や、その常用者の身体精神に与える害悪を知ることは反省の一つになるのは否定しません。

　しかし、最近のこれらの薬物の常用者は大半はこれを知っており、それを承

知で常用しているのです。少なくとも右の如きことを法廷で言うことをもって直ちに反省の念を有していると評価することは出来ません。その程度では再犯は必至であり、更生に資する反省とはいえません。

　私が考えている反省とは、逮捕、勾留されている自分自身のみじめさ、更に嘆き、悲しみ、絶望のどん底にいる妻や父、子どもらの思いを実感をもって感じること以外にはありません。

　そして、自分自身の幼少時代から現在までの生活、それ自体を振り返らせ、なぜ両親や妻、子らを嘆かせるまでになってしまったのかを考えさせることこそが反省であり、更生への第一歩であると考え、そのような議論を修習生との間で交わしてきました。

　ただ、両親等との関係を振り返るといっても、多くの人々はその両親の表面的、日常的な行動にとらわれており、両親等の生活状況、苦しみ等を知ることはほとんどありません。私は両親のこれまでの社会的な立場から生じる苦しみ、経済的立場から生じる苦しみを積極的に語らせたり、あるいは自分のために泣きくれるその現実を本人の面前で繰り返させます。

　修習生に対して与えた課題の一つに、在日朝鮮人、部落出身、沖縄出身、あるいは片親しかいないということを情状論としてどう捉えるかというものがあります。少数ではありますが、このようなものはむしろ劣悪な環境ということで情状として展開する余地はないという修習生もいました。他方、犯罪は社会の病理現象であり、犯罪の責任を個人に全て押し付けるべきではなく、前述の如き立場の人々に対する社会の差別的対応を糾弾するという形で情状論を展開すると答えた修習生もいました。前者は、犯罪を犯した人々に対して、人間として理解しようとする姿勢がなく、又犯罪が社会の矛盾の表出という側面をみないという点で私は否定をします。しかし、後者も現実的に犯罪を犯した人々の更生をどうするのかという具体的視点に欠けているとして厳しく批判をしました。

　私の結論はこうです。前述の如き社会的立場にいるということが犯罪を犯した人々の劣等感、あるいは心情的歪み（社会に対する敵意等）をもたらしているというのが現実であり、被告人らが有しているその劣等感、歪みを克服しな

髙野嘉雄語録　135

ければ更生への意欲を形成できない。そういった立場の中で苦しみ、人間らしく生きて来た人々の生の声を聞く中ではじめてこのような劣等感は消え、人間としての誇りを取戻し、あるいは父母達に対する否定的感情を克服できると考えています。

　従って、在日朝鮮人や部落の出身者に対しては、そのような中で苦しんできた父母の生きざま、苦しみ、嘆き、そしてその中で誕生した我が子に対する思いというものを法廷の中でさらけ出させ、あるいは手紙等という形でさらけだ させて来ました。

　又、様々な書物を差し入れたり等してきました。私はそのような中で私の予想を上回る寛刑がなされ、かつ説諭の中で諄々と両親の思いを糧に更生するように諭した裁判を体験することが出来ました。

　そして、そのような中で、あるものは執行猶予となり、ある者は実刑となりましたが、それぞれ立派に更生しています。

　勿論、私はこのような中で全ての人が更生したとはいいません。しかし、被告人が法廷で流した涙は、本当の反省の涙であり、更生の決意を示すものであったと思いますし、又このような涙があって、はじめて人間は真に更生することが出来ると確信しています。

語録2　少年に宛てた手紙

　前略

　先日君が、弁護士なんかいらない、赤の他人にグチャグチャ言われとうない少年院に入れられたってかまわない、と言われたことが気になっています。

　勿論（もちろん）私は君が何と言おうと君に面会に行きますし、君の弁護をやめるつもりはありません。これは私の義務（ぎむ）、責任（せきにん）だからです。

　ただ前回の面接について私に反省すべき点があったと思い、この手紙を出し

ます。
　女の子のことについて、私に言い過ぎがあったかもしれません。
　私の君に対する説教（せっきょう）は、君が女の子について不真面目（ふまじめ）であるときめつけてしていたかも知れないと思うからです。
　君が女の子との関係について、おもしろ半分でいたのでないとしたら（君はあの時好きだからと言っていたと思います）、私は君に対してあやまります。
　ただ私は大人（おとな）として、それが真面目なものであっても、性のことは大人にならないとわからないことがあること、人を本当に愛する（好きというのとは少し違います）という気持ちになるまで、性のことは大切にとっておいてほしいということを君に言いたいのです。
　又、面接に行って話をしたいと思いますが、なぜ君は自分のことを「アホだから」とか「どうなってもよい」などと言うのでしょうか。
　Aさんの言葉や行動が原因だろうと思いますが、それでももっと自分を大切にしてほしいと思います。
　自分を大切にすることができて、はじめて友達もできるし、恋人もできるし、家族もできるのです。
　自分を大切にできない人は、友達や恋人や家族を大切にできるわけがありません。
　（中略）
　人はいろいろな心をもっています。
　私は、君のAさんに対する考えが間違（まちが）っているとは思いません。
　しかし、それ以外の心、顔をAさんはもっていると思います。
　弁護士はいろんな人と会います。死刑囚とも会うし、ヤクザ、人殺しといわれる人とも会っています。
　まったくダメな人間、どうしようもない人間なんていません。そう見えるだけです。
　あるいはそういうところしか見ていないから、そう思ってしまうだけのことです。
　私はAさんともっと話をしていくなかで、君が知らないAさんの心を知るつ

もりです。

そしていつか君にもそれがわかってほしいと思ってます。

私は君はふつうの子だと思っています。

少しひねくれている態度（たいど）をとることもあるようですが、今まで君が体験したことからいえば、だれでもその位のひねくれはしています。

君には君の考えがあるのでしょうが、それ以外はウソだとか、カッコをつけているだけだというのはまちがいです。

私の願いはひとつです。君がニコニコ笑えるようになってほしいのです。

青春というのは本当に楽しいものなのですから。

何となく遊ぶのではなく、本当に楽しいことをしてほしいのです。

草々

　　　前略と最初に書いたので、最後にこう書きます。草々（そうそう）とは、あわただしく、急いで書きましたという意味です。

語録３　意見書より（語録２と同一事件に関するもの）

正直に申し上げますが、私は今少年から面接を拒否されています。

逮捕段階からそれまで私は３回少年と面接をしており、いずれも１時間以上にわたって話をしてきました。私はこれまで何件も少年事件を経験しており、又、個人的な事情から中学生、高校生らとの会話の機会も比較的多くあり、いわゆる落ちこぼれ、非行歴のある少年とも多少関係したこともあります。従って、それなりの自信をもってＢ君と会いました。

（中略）

私はさらに話をすすめていたのですが、突然Ｂ君は"金の無駄や""どうせ自分はだめだ、少年院に行ってもよい""あんたは赤の他人や、何で他人が俺のことをあれこれいうのか""俺とアンタは考えが違う""気に入らない"等と言い、話をしたくないといい出しました。私は何故突然彼がこのようなことを

言い出したのか当初は見当もつきませんでした。
　そして鑑別所の技官、調査官等から、事情を聴いていくうちにあることが判りました。
　B君は私とは面会を拒否し、話をすることを拒否していますが、他方技官、調査官には素直に対応し話をしているのです。
　私はザックバランな形で、対等のように話をしているつもりだったのですが、しょっ中説教をしていたのです。技官や調査官はひたすらB君の話を聞いてあげていたのです。
　技官と調査官は私との話を拒否していたのは、私をAさんとダブらせて把えているからでしょうといっていました。
　（中略）
　B君にとっては自分が自由にものをいえない相手、判ったような顔をして説教する相手を一切信用できないのだと思います。
　私に対する面会の拒否は、B君に対する処遇を考える上で極めて重要であると思います。
　B君に対しては、説教をしても駄目だということです。まして、強制的な処遇は全く逆効果であることは明白です。
　強制的な処遇は、大人や社会に対する反発を強めるだけで、ますますB君を追い込み、より強固な殻を作りだすだけだと思います。
　イソップの童話に、北風と太陽という話があります。旅人の外套を脱がせるには北風ではなく、太陽の暖かい光こそが効果的であるという話です。
　B君の現在の状況は……体験による根深いものがあります。
　これまでの抑圧されきった状況の中で形成された歪みは、これを強制的に是正することは不適切で、自由な、伸び伸びとした感性がB君の心に戻ってくるのを待つしかありません。
　（中略）
　本当はB君は自ら今立ち直ろうとしています。
　今、必要なのは周囲の大人達がこれを援助することです。
　（中略）

私自身としては、正直申し上げて保護観察の処分については不安を持っています。

　現在の鑑別所の技官や調査官のように、B君に対して、ともかく話を聞いてあげるというような人々であればよいのですが、もしそうでなく、説教をするような、あるいは脅かすというような対応をされることを心配しています。勿論、この点については、私が保護機関の人々と連絡を取り合って何とかしていくつもりです。

　B君は本当にナイーブな、壊れやすい心の少年です。

　適切な処分をお願いします。

　尚、私自身はB君は劇的な変化はおそらくしないと思います。しかし、本人はやり直そうという気持ちを有していることは疑いません。たとえ失敗するような状況になっても、必ず立ち直れると思います。失敗しても、これまでのことを考えて何回も何回も努力しようと両親は決意しています。これまでのように怒るのではなく、B君のためにこれから何回でも泣いてあげよう、悲しもうというのが私と両親の考えです。

語録4　被害者に宛てた手紙

前略

　突然に手紙を差し出す失礼をお許しください。A警察署より御連絡があったと思いますが、私はBの弁護人です。

　まず、C様に対して本人にかわって深く謝罪します。私は弁護士としてD年余りの間、様々な刑事事件の弁護をしていますが、C様が受けた精神的な苦痛は決して消えるものではないと考えています。

　私はB本人は勿論、その家族に対しても厳しく叱っています。

　（中略）

　それなのになぜ弁護士はこんな事件の弁護をするのかと疑問に思うかも知れ

ません。
　私達弁護士は様々な犯罪を取り扱うのですが、それらの犯罪者はどこかに人間としての歪みがあります。私達は罪を認めさせると同時にこの人間としての歪みを正してやりたいのです。
　犯人でも家族がいます。罪について相当な刑を受けるのは当然ですが、そのような事件を犯すに至った本人の人間性の歪みを直さずに社会に戻した時に、又その家族は泣かされるのです。本人も歪んだまま屈折した生活を強いられてしまいます。これを何とかすること、言いかえれば本人に真人間になってもらうために私達は弁護するのです。少なくとも私はそうです。
　私はこの事件はB本人のこれまでの生き方の結果として発生していると考えています。（中略）
　今回の事件はC様を苦しめると共に、自分自身を堕落させ、家族を絶望の底に落とし込ませているのです。
　このことを本人に深く自覚させたいと思うのです。この事件を通じて人間の悲しみ、怒り、あるいは人間の愛情、思いやりというこれまでに経験したことのない当たり前の感情を彼の心の中に蘇らせたいと思っています。
　そういった意味で、私はC様に対しても本人の人間性を自覚させるための助力をお願いしたいと思ってこの手紙を書いています。
　端的に言えば、C様に示談に応じていただきたいと考えているのですが、それは決して、単に金で問題を解決するということではありません。前述のように私は本件について本人に対して極めて厳しい態度をとっており、又警察の方にも率直に申し上げていますが、今回の一連の事件については私なりの評価をしており、本人、家族らには実刑を覚悟するように言っており、示談に応じられることを期待する方がおかしい、C様の怒りは極めて深刻であると断言しています。そうした中でもし示談ができるとしたら本人、家族を含めて本当に反省し、二度とこのようなことをしないという固い決意、これまでの生き方に対する真剣な反省がなされた時のみであると言っています。
（中略）そのような中で、本人がC様の怒り、苦しみの万分の一でも体験することこそが本人の更生への一歩となるでしょう。

私はC様との示談の成立は絶望状況の中で与えられた光であり、人の情けを示すということになり、人間に対する自己中心的見方を変える転機の一つとなるのではないかと思っているのです。
　もしC様が私の思いを理解して下さるのでしたら、一度当方まで連絡して下さい。
　尚、私は、別送の『会えて、よかった』という本のような人々が好きで、このような人達と共に生きていくような弁護士でありたいと思っています。
　是非、別送の本も御受領下さい。

草々

語録5　抗告申立書より

　少年が低学力であり、自己統制力が不足していること、社会性が不足していることは当附添人も否定しない。
　しかし少年が本件の各行為から想像される程には荒廃していないことを見逃してはならない。少年は当初の段階でも母との面接の際にも泣き、現在も母親に親不孝をしたことを深く反省している。
　又、試験観察中の保護者であったA氏、当附添人、当事務所の事務長等が今回少年院に面会に行った際も泣き、そして期待を裏切ったとして謝っている。
　しかも特に留意すべきは今回のシンナーの吸引状況である。（中略）そして最も重要であるのは本件の吸引について、少年自身が学校、A氏に自己申告していることである。
　なぜ、このような自己申告をしたのかについて当附添人として思い当たることがある。附添人は試験観察の際に、少年といくつかの約束をした。第一は絶対にA氏、私の同意なくして夜外出、外泊をしないこと、第二は約束ごとに反してもそこで諦めたり、開き直らないこと、率直に話をして謝ることということである。

私が吐血して入院していたため、この報告が私になされた時には、既に学校、裁判所に報告がなされた後であった。私はこのことが残念である。私はここで断言するが、私に最初に報告があれば私は握りつぶして裁判所には絶対に報告をさせなかった。
　裁判所（具体的には調査官）としては通報があった以上、立件せざるを得ないのは当然だったと理解する。しかし私自身は本件少年の最近の変化状況を具体的に知る者は例外なく私が握りつぶすことを納得してくれた筈であると確信している。
　原審は少年がいかにこの間変化してきたのか、それが何を意味するのかを理解していないといわざるを得ない。
　当附添人は部落出身の少年達の事件、あるいは成人の刑事事件を多数担当してきた。
　これらの事件を担当してきた経験から、次のような結論を得ている。
　部落出身の青少年の非行、あるいは刑事事件の多数は部落差別という現実からの逃避、回避という状況が共通している。これは具体的には例えば親の、どうせ部落出身だから就職口もしれている。どうせ勉強したって無駄という諦めの気持ちが子ども達にも伝わり、子ども達自身が意欲をなくしていくということである。又、タバコや飲酒、夜遊び、それとその放任等という現象にもつながっている。毎日地道に努力していくことはそれなりに苦しいことであるが、どうせ俺はという思いが努力を放棄することの口実に結果的になっているという現実があることも否定できない。
　部落の子ども達、特に非行に走り、あるいは犯罪に走る子ども達に必要なのは、同じ部落出身という状況の中で、あるいは貧乏の中で、あるいは家族の離散の中で懸命に生きている先輩や親の思いを知ることであり、自分は決して一人ではないこと、又努力すればそれなりの結果を得られるという自信を与えることである。
　又、このような厳しい現実の中で再出発するには少年達に、自分がいかに多くの人々の絆の中で生きているということを自覚させることが必要不可欠なのである。

数多くの部落出身の少年達が少年院に送致されてきたが、正直いって真に更生した少年達は何人いるのであろうか。一定の学習や訓練はなされ、それなりの結果は出ているかも知れない。しかし部落の子ども達にとって本当に必要なことは部落差別と正面から対決し、これに屈せず、厳しい状況の中で歯をくいしばって生きていくこと、そして部落出身であるからこそ、逆にこれに負けずに努力をし、誠実に生きていくんだという決意であるが、少年院の中でこのような思いがどれだけ育っているのだろうか。私達は全くないと断言する。
　もともとこのようなことを少年院に期待することは、少年院の機能からして、又少年院総体の現状からして一切出来ないのである。部落の大人達、先輩の青年達、部落差別に理解がある周囲の人々の厳しいが心優しい人々の中でこそそのようなことは初めて実現するのである。
　少年院送致は、一定の学力、訓練は少年に与えるであろうが、真の更生への転機とはならず、結果的に部落出身であるということの外に少年院帰りという重いレッテルを張るということにしかならないというのが現実である。原決定はこの点からいっても著しく不当である。
　先に今回のシンナー吸引について少年が自ら進んで申告したことの意味を指摘した。これには次のようなことが基底となっている。
　少年にとっていちばん必要な人間との絆が既に形成されていた。少年を宿泊させ、生活と共にしてきたA氏、当附添人、当事務所の事務長の中島、あるいはB中学の何人かの先生との関係がそれであった。
　当事務所関係でいえば、少年は定期的に来所して、一定の時間（三時間位）学習をしてきた。又食事等も共にし、必要な辞典、衣類等を一緒に買いに行った。学校でのトラブルの時も電話連絡があり、中島の指示に従い来所した。
　又入院中の附添人の所に来て、シンナーを吸引したことを自ら申告している。更に二度目の鑑別所生活の時も毎日中島が面会に行き、様々な話をすると共に中島が大阪の書店で購入してきた小学生用のドリルによる学習とその点検も継続してきた。少年院送致後も中島、附添人も別個に少年と面会をしている。A氏、B中学の教師も同じような対応をしてきた。
　このような中で私共と少年との間には確固とした絆が形成されているのであ

り、その結果が前述の自己申告である。

　母親との関係も再形成されている。（中略）このような中でなされた母親の前記決断も当事務所の中島、A氏らとの話し合いの中でなされたものであり、母親も含めて人間の絆が形成されているのである。

　本件を通じて漸く少年を取り囲む人間関係が再建されようとしているにもかかわらず、少年はこの人間関係から離れていくのである。

　確かに少年はこのような人間関係が形成される中で、再度シンナーの吸引等をしたが、長い間家庭的に放任され、落ちこぼれた学校生活を続けてきたという少年の状況を考えれば、その更生も一歩一歩、時に一歩退却するという曲折を辿ることはむしろ当然のことである。

　少年は全体として明らかに自力による更生への道を進んでいることを原決定は見落とし、少年が部落出身者であり、様々な意味で部落の生活の中に浸っていた少年を真に立ち直らせるには、部落差別の何たるかを知り、その子ども達への様々な影響を知る人々が少年を取り囲むことの必要性を原決定は全く見落としている。

語録6　上申書より

　私はA君に対して、B事件の少年達の鑑別所での状況を説明しました。皆泣いていたこと、自分達がしたことがいかに大変なことだったのかに気づいて、そして自分たちはそんな"悪"だったのかと初めて知らされて皆泣いていたことを話しています。私は皆普通の子なのに、いつの間にか"悪"になっていること、皆無理して、あるいは格好をつけて"悪"ぶっていたと思う、泣いている君が本当の君なのか、それともよってたかってあんなことをしていた君が本当の君なのかとA君に問いました。泣いている自分が本当の君だというのなら何故あんなことをしたり、不良をしていたのかとよく考えておくようにと言ってあります。

そして、誇り、尊厳という字を教え、辞書で調べて、何回も書いてごらんといいました。A君は必ず自分の職を一生懸命に働き、その中で誇りと自信を獲得していくと確信しています。

B事件で少年院に入院しているC君から、"ベーブルース物語を読んで"という読書感想文が送られてきました。その内容をA君と話をしました。A君も鑑別所で同じ本を読んで感動したそうです。何でこの少年達が小学校、中学校の時期にそのような感動を得られなかったのか、鑑別所、少年院にきてしかこのような感動を与えることが出来ないということに家庭、学校、地域、社会の責任があると思います。

開き直ることなく、涙を流して反省し、ベーブルース物語を読んで感動をしている少年達を眼前にする時、この少年達を人間の尊厳を自覚できるよう育成していくべき責任を私達は負っているということを痛感します。

語録7　弁論要旨より

私は別にきれいごとをいうつもりはありませんが、少なくとも被告人が生まれ変わりたい、やり直したいと考え、一日も早く妻子と普通の生活をすることを強く求めていることは確かです。

昨日、被告人からの求めにより接見をしてきました。執行猶予の望みはないかとのことでしたが、不可能であることを告げたとき、被告人は頭髪をかきむしり、深い、深い嘆息を吐きました。アー何でこんなことをしたんだろうというのです。妻子の生活が逼迫しており、何としてでも助けてやりたいとのことでした。

私は身から出た錆だとその時に冷たくいいはなちました。

確かに犯罪による刑罰は身から出た錆として自ら引き受けるしかありません。しかしどの位の期間自らの体についた錆を落とす作業をしなければいけないのかは人によって異なります。裁判官に求められているのはそれを見抜く力です。

残念ながら裁判官には被告人と直接、時間をかけて話をきき、質問をすることは誠に制限されており、被告人ごとにその人格、矯正の必要性の程度を知ることは極めて困難です。

　裁判官にかわって被告人の人格等をつぶさに観察し、これを裁判官に伝えるのも弁護人の主要な任務と考えています。

　被告人は裁判所宛に上申書を作成したそうですが、私はこれを見ていません。私自身はこの被告人の手による上申書というのは好みません。前科の豊富な人間がよく作成し、又作成するよう入れ知恵することを知っているからです。しかし、被告人については真実、これまでの人生に対する後悔、一日も早く妻子の元に戻ってこれまでの生活について謝罪をし、力になりたいとの切羽詰まった心境で作成したことだけは本当のことです。このことだけは評価してやって下さい。

　本公判廷で被告人は涙ながらに反省の念、更生の念を吐露しましたが、その涙に偽りはないと信じています。

　妻子のためにも出来る限りの寛刑を強く希望するものです。

語録8　意見書より

　附添人は、観護措置期間中に、少年と両親との関係を根本的につくりかえることを目標とし、教師との関係も変えていけたらと考えていた。

　そこで、少年が会いたいと言い出すまで、両親に対して面会を禁止した。

　少年に対して、父母の助けを求めるという気持ちが自己の中に存在していることを自覚させ、この自覚の下で、その気持ちを率直に受け止め、これを実行させ、それを媒介にして親子関係の再構築をするという方針の下でこのような対応を取ったのである。

　少年は期待したような反応はみせなかった。照れがあること、あるいは少年の父親像、母親像がかなり固まっていたことに原因があると附添人は考えた。

そこで両親には面会は禁止するが、手紙を書くことを勧めた。両親は手紙を書いたが、その内容は月並みであり、到底少年の心を揺さぶるのは困難であった。そこで手紙の内容を少年の幼い頃の状況、父、母と幼子であった少年とのかかわりについて、具体的に書いてみるようアドバイスをした。
　その後の手紙に対して少年は反応をみせだし、何回も再読していた。
　そのような中で面会を解禁し、現在に至っている。面会後も手紙を書き続けること指示し実行している。
　少年はこの間、今までの父親像、母親像と、観護措置後の父、母の姿の間に大きな差があったことに気付き、両親を見直してきている。
　父、母が自分を本当に愛しており、心配をしてくれていること、自分の成長を、何の打算もなく期待しているということに気付いている。このような父、母を裏切りたくない、悲しませたくない、そういうことをしてはいけないと自覚するに至っている。
　家庭内でのルール、学校や社会でのルールとそれを守ることの意味については、上記のような中で少年が自覚した気持ちを根底に捉えて、少年と附添人との間でこの間ずっと話をして来た。
　この議論を再現するのは難しいが、当附添人の、子育ての経験、子どもたちとの対応の経緯（当附添人は娘が小学校5年のときから高校3年まで、毎週日曜日に、娘と近所の子どもたちの勉強をずっと見続けてきた。又附添人としての経験もかなりあり、事件関係者の子どもたちはよく事務所に出入りしている）の中で体得した附添人自身の家庭観、学校観、社会観、人生観を少年に示すという形で話し合いが行われてきた。
　大人が揺るぎない価値観をもって、少年に助言、監督をすれば、少年は十分にこれに反応し、納得し、約束をすればこれを守る子どもである。少年は観護期間中にこのような方向性を獲得したと断言できる。
　素直さも取り戻したことも指摘しておきたい。

語録9　弁論要旨より

　1　被告人はシンナー吸引で執行猶予付判決の宣告を受けながら、そのわずかA日後に本件を行っている。検察官も弁護人もそして裁判官もこのような事件を担当した時に被告人に対してもうアカン、執行猶予という寛大な判決を与えたのに、こいつには全く通じなかった、実刑にするしかないと思うのが普通である。本件で検察官は前刑における公判調書、手紙、判決文を証拠として取調べ請求をしているが、これだけ前の事件で関係者が尽力しているのに、被告人はそれを理解せず、関係者の思いを裏切って又同じ事件を起こした、実刑しかないと考えてのことであろう。弁護人である当職も実は最近まで同じように考えていた。当職は何年か前まで刑事事件は絶対に2度受任しないということにしていた。最大限の努力をし、本人の更生のために真剣に努力をしたのに、その思いを理解せず、当職や関係者（親や配偶者等）の更生への思いを裏切るような奴の弁護は御免だと考えてきたのである。
　しかし、そのような当職の考えは誤りであると現在では考えている。
　2　私にそのように考えさせた事件は、本件と同じシンナー吸引の常習者で或る被告人の事件での経験である。この被告人は本件被告人以上にシンナーへの親和性が強く、未成年時に何回もシンナー吸引で逮捕され、保護観察に付され、成人後もシンナー吸引をしていた。Bはそんな被告人を何とか立ち直らせようとして、（中略）ダルクという薬物中毒から脱出させるための民間団体に何回も通ったりしていた。
　しかし、その被告人は成人後、シンナー吸引で刑務所に3回も服役したのである。私は最初は弁護人として関与し、2回、3回目はいずれも情状証人として法廷に立ったのである。（中略）
　私が弁護人として関与した時は、被告人に弁護人宛の反省文を提出させただけでなく、保釈後は連日1回の行動をつづった日記を弁護人の事務所に

毎日ファックスさせる等の活動をしていた。しかし、被告人は保釈中に又シンナー吸引をし、結果は実刑であった。2回目の裁判の時も私は日程上法廷での証言は出来なかったが、亡Bの思いを伝える上申書を弁護人に提出し、被告人にこれを示してもらうと同時に（面会もした）、裁判所に提出した。裁判官は1回目に実刑判決をしたC裁判官であったが、判決は1回目と同じ量刑であった。C裁判官は量刑はやや重い裁判官であったが、又来たのか、でも頑張りなさい、いつかは必ず止められると説示してくれたのである。
3度目の裁判官はD裁判官であった。私はその法廷で情状証人として証言し、やはり亡Bの思いを語った。D裁判官は第1回目、第2回目の判決と同じ量刑の判決をされ、その上で『なりたい自分になれる本』という書籍を私に託してその本を被告人に差入れてくれと申出られた。

判決当日D裁判官はC裁判官とは異なった視点からではあるが、やはり被告人が必ずシンナーから決別できるという激励とそのためにどうしたらよいかという視点からの説諭をされた。

　3　3度目の服役後、私は国選弁護人を誘い、私の事務員2名ら（2名は私が弁護人をしていた時に被告人と接触をしていろいろと悩みごとなどの相談にのっていた）と共に誕生祝いと出所祝いを兼ねた懇談の場をもった。その後同じメンバーで被告人が結婚する相手とその連れ子の子と共に祝宴をし、事務員はその子と遊園地で遊んだこともあった。

　その被告人は現在はシンナーから完全に手を切り、薬物中毒のコンサルタントというボランティア活動をしている。

　この被告人は何回もシンナー吸引で逮捕され、3回も服役しているが、常に彼はシンナーを止めたいという気持ちをもっていたのである。私、C裁判官、D裁判官はそのことを信じた。止めたい、止めなければという思いを持ちつつ、それでも被告人は日常的なストレスの中で結局シンナーに逃げ込んだのである。そんな被告人がシンナーから手を切れたのは、妻の連れ子が被告人を慕い、父親として頼ってきたことにある。自分の責任を自覚し、保護され監督される立場から逆に保護すべき立場に立った時に彼は長年のシンナー吸引から脱却できたのである。

（中略）

　4　少なくともシンナー吸引の事件は、被害者も存在せず、法秩序云々を重視する必要も少なく、本人のシンナーからの離脱をどう実現させるのかという一点に絞って量刑判断をすることが許される事件であると私は信じている。2度、3度と再犯を重ねているのに量刑を変えなかったC裁判官、D裁判官もそう考えていたと思料している。

　先の事件では服役は結果的に彼をシンナーから離脱させることにはならなかったと私は信じている。彼を更生させたのは各裁判官のシンナーから必ず脱出できるという励ましの言葉であり、そのような人々の期待に応えようという彼の意欲であった。それがあってこそ、妻の幼子という存在と出会って、初めて彼は長いシンナー地獄から脱却できたと思うのである。

　私達は将来被告人が又シンナー吸引をするかも知れないということを恐れるべきではない。

　被告人のシンナーを止めるという強い決意を現在有していることをそのまま素直に信じ、それを評価してその決意を現実のものとするためにどうしたらよいのかということを説諭、助言し激励すること、それこそが裁判所、訴訟関係者、親族に求められていると私は信じている。

語録10　弁論要旨より

　1　本件はいわゆる無銭飲食である。刑務所を出所後、自力による更生に努力しようとしたものの、協力者、援助者がいないまま、無一文状態となった被告人が刑務所に入るからしかないと考えてなした事件である。

　被告人には本件と同様のものと思われる無銭飲食、無賃乗車の前科、前歴が合計A回ある。

　2　当職は本件を国選弁護人として受任して、嘆息をついた。弁護の方針がたたないのである。

そして、今までの弁護人達はどんな弁護をしたのであろうかと思った。又、裁判官はどんな思いで判決を言渡していたのかと考えた。

謄写した記録を読み、出所後の被告人の行動を読んで、私は被告人が供述していることは嘘ではないかと思った。働き口、生きるための手づるを求めて被告人は郷里に戻り、Bに行き云々と供述しているが、本当のことではないと思った。行くあてもなく、ボンヤリとウロツイている中で無一文になり、当然の如く再度の刑務所行を志願して無銭飲食をしたと考えたのである。何とかしなければならないという気持ちなど全くわかないままに無気力に、成行きに任せて挙げ句の行為と考えたのである。

3　しかし、事実は私の予想を裏切った。被告人はこのままでは駄目だという思いの中で必死に動いていたのである。これまでに知っていた援助組織を頼り、生き延びる術を全て使って、その日、その日を一生懸命に生き抜いていたのである。被告人にとって刑務所は極楽ではないのである。出来れば行きたくないのである。

飢餓に苦しみ、寒空に野宿して野垂れ死にするのかどうかというところに追い込まれたとき、被告人に残されていた避難場所はやはり刑務所しかなかったのである。

私は被告人に対して色々といってきたが、非難はしない。

私がいえるのは、こんな生活はやめようや、刑務所で死ぬか、野垂れ死にするかなんてことは、あまりにみじめじゃないか、畳の上で死んでくれというだけである。

4　本件で情状証人に立ってもらったCさんは同房者である。こういう場所で知り合った人を情状証人として法廷に立ってもらったのは、初めてである。

私は、被告人に言いたい。本当によかったな。出所後頼れる人ができてよかったなと祝福してあげたい。口先で助けてやる、とかいうことは出来ても、情状証人として法廷に立つということとは次元が違うんやでといいたい。

しかし、そういう人がいることと、それに頼って生きるというのは別であ

る。そういう人がいるからこそ、自力で立ち直れや、少し助けてもらうのはいいけど、寄り掛かりなやといいたい。Cさんには助けてあげる、手を差し伸べてやっても、よりかからせては駄目ですよといいたい。
　自力で生きてこその友人なのです。
　5　被害弁償金もCさんが出してくれ、被害は回復し、又出所後の行き先もそれなりに確保されているということを裁判所におかれては、評価されたい。
　6　本件の如き事案は、決して少なくない。私も同様の事例を体験している。大阪管内のD裁判官はこの種事案で私が作成した5枚近くの弁論要旨に倍近くの量刑事情をかかれた。
　被告人のこれまでの前歴、前科を詳細に検討し、そのような状況の中で生きてきた被告人のE年近い人生に対して、深い理解と同情を示すと共に、被告人に対して、自己の生きた歴史を思い返させ、更生への決意を促した判決であった。
　高みからの評価ではなく、寄り添って見守るという視点のものであった。被告人は自分が又事件を起こしたらこの裁判官を悲しませてしまうなと思わせるものであった。

語録11　少年に宛てた手紙

　前略
　『会えて、よかった』の感想文を読ませてもらいました。
　A君、感想文を書けないとのことですが、それでいいのです。君は今そういう状況にあることを自覚して下さい。「今」感動しない、できないということですが、私もそうだろうと思います。君がこんな事件を犯してしまったのは、この本を読んでも感動できないという心理状況にあった、あるいは追い込まれていたからだと思います。

私はいろんな事件を担当しています。事件だけではなく、私の娘達と葛藤を繰り返しています。
　私の次女は、Ａ君より１年上で、今浪人中です。今日成績表を見せてくれました。高校時代より成績は下がっています。娘は泣いていました。何が何だか判らない。何も手がつかないといって泣いていました。私は現役のとき娘に女子大に行くな、１年浪人しろといいました。私の眼から見て、娘は本当に感性が豊かで、本当に個性豊かな子なのです。私は別に娘に、いわゆる「いい大学」に行って欲しいなどという気持ちはありません。幸い私は弁護士として経済的な余裕があります。ですから私は娘に自分らしく生きて欲しい、そのために１年や２年位浪人してもいいと思っているのです。でも娘には、個性を生かして生きろというのが大変な負担なのだから泣くのだと思います。
　でも私は娘には妥協しません。私は人の３倍、５倍勉強しました。そして私は私の希望だった弁護士になりました。
　弁護士となっていろんな仕事をしていく中で私は私の個性を生かすことができました。私は娘に私の生き方を示したいのです。いや示すべきなのです。娘に一生懸命生きて欲しいからです。
　Ａ君は、自分は弱いといいます。『会えて、よかった』の登場人物は「強い」といいます。Ａ君から見たら、私も「強い」人間に見えるでしょう。確かに私は一生懸命努力して、一応「成功」しています。ですから「強い」とは思います。
　でも外見は強くても「強く」なるまでの間私は何回泣いたでしょうか。そんなことは誰も知りません。知っているのは私の母だけです。私の母はここ５年間余り、脳梗塞の後遺症で植物人間のまま、病院に入っています。私は時々見舞いに行きます。
　大きな声で「お母さん」と叫びます。叫ぶと母の眼に少し涙のようなものが浮かびます。先生は意識は全くないのだからそれは反応ではないですよというのですが、私にはそうは見えません。私の母は私が血の出るような思いで大学入試や司法試験の勉強をしている時、じっと私を見守ってくれました。そういう私の弱さを知っていてくれる母だからこそ、私と母の心は通じ合っていると

確信しています。だから私には私の呼びかけに無意識の中で反応してくれていると信じています。

君にもいいましたが、私は高校生のとき万引きをし、風呂屋を覗き、タバコを喫い、酒を飲む、パチンコをする不良高校生でした。エロ本を読み、毎日、2回も3回も自慰行為をしていました。決して秀才ではありませんでした。私もまた弱い高校生だったのです。

私の母は私が本当は何をしているのかを本当はよく知っていたのですが、私をあるがままに受け入れてくれました。

今私は実の母が前記のような状況なのに、月1回も見舞いにもいかず、好き放題に生きています（私の弟は月に3〜4回見舞いに行っています。妹は父と同居し、母の看病をしています）。

本当のことをいうと皆いい加減で弱いのです。何でもかんでも立派にこなす人なんて世の中にはいません（弟や妹はずーっと親孝行だったわけではありません）。

人の弱さは人の眼には見えないのです。皆弱さを隠しているのです。私もそうです。私の妻に対する仕打ち、娘達に対する仕打ちがどんなものなのか人が聞いたら皆ビックリすると思います。

でも私はそのような仕打ちをする自分を知っています。自覚をしています。そして、私は母の私への対応、私の妻の母（義母はもう死にました）の対応をみて、本当に反省をしました。母や義母は私をあるがままに受け入れ、あるがままの私を愛してくれました。妻や、娘達も、あるがままを受け入れてくれる母や、義母をみて、勇気付けられたのです。

手紙で書きつくせないことが沢山あります。直接会って君に教えてあげたい。

駄目な君、どうしようもない君も君なのです。そうではない、勇気のある君、頑張る君、涙する君も君なのです。

そして君には私がそうであったように、あるがままの君を受け入れ、一緒に泣いてくれる「お母さん」がいるのです。「お父さん」がいます。

君は本当に大変なことをしてしまいました。でも君にはそれをそのまま受け入れて一緒に泣いてくれる人々がいるのです。そのことに気付いてください。

そしてそのことに気付けば必ず『会えて、よかった』を読んで必ず感動します。感動するまで、読んで涙が出てくるまで、何回も何回も『会えて、よかった』を読んで下さい。そしてお父さん、お母さん、兄さんのことを思って下さい。

君は必ず自分を取り戻すことが出来ます。そして自分を取り戻すために被害者の人達のことをもっと、もっと考えてください。

そうするとそのうちに「死にたい」と思うようになると思います。でも死んだら絶対に駄目です。

そこを突き抜けて下さい。そのために大声で泣いて下さい。血が出る程、壁に頭をぶち当てて下さい。つらくて、つらくて、本当に死んでしまいたいというまで、もっともっと自分を追い詰めて下さい。それだけのことをしたのですから。

でもそこまで自分を追い詰めてからもう一度自分の回りを見て下さい。もう一度『会えて、よかった』を読んで下さい。そして涙を流して下さい。それは感謝と喜びの涙なのです。

それが君の自分がしたことに対する償いの第一歩となると思います。

君がしたことは、一生をかけて償って下さい。償いとして何をしたらいいのかは皆で一緒に考えましょう。君がしたことはひどいことですが、人の命を消したわけではありません。償いは出来ます。

草々

第3部

更生に資する弁護
(高野嘉雄論文集)

・髙野嘉雄弁護士の著作は多数に及ぶが、第3部では情状弁護、とくに「更生に資する弁護」をテーマとするものを選択して収録した。
・収録にあたり、誤植などあきらかな誤りを訂正した。
・初出箇所は、各論文尾末に表示した。

●第3部　更生に資する弁護（髙野嘉雄論文集）

弁護人からみた情状弁護
格闘から生まれる情状弁護

1　広範囲な情状弁護

　刑事訴訟手続の中で弁護人が果たすべき任務とは一体何なのか必ずしも明確ではない。特に有罪を自認するケースの場合、弁護人がどのような視点で弁護活動、いわゆる情状弁護活動をするのかは各弁護人に任されているというのが実態である。
　渡辺修教授（神戸学院大学）は、刑事弁護の基本は、国家の刑罰権、公訴権と対置される被告人の防禦権の実現にあるとし、その機能の一つとして、「有罪と認定された場合に備えて被告人の将来の更生に必要な条件（家族関係、就職先の手当、身元引受、被害弁償等）を整備する適正処遇確保機能」をあげている（北山六朗監『実務刑事弁護』〔三省堂、1991年〕387頁）。
　広辞苑（四版）によると、情状とは、「刑の量定や起訴するかどうかの判断に際して考慮される諸事情。性格、年齢、境遇、犯罪の軽重、行為の動機・目的、共犯者の有無、犯罪後の情況など」とされ、具体的な犯罪に関する具体的責任の軽重に影響すべき一切の事実ということになる。一般に情状は犯罪事実に属するもの（動機、手段、方法、被害状況等）と犯罪事実とは一応独立したもの（前科、弁済、反省状況等）とに区別されることが多い。
　情状が右のごとく広範囲なものである以上、弁護人がなすべき情状弁護は、

渡辺教授の指摘する適正処遇確保機能以上に、犯罪事実の内容から事件前後の被告人の状況およびそれを取りまく環境までをも射程にいれるのが当然である。

2 起訴前になすべき事

　捜査段階においても情状弁護のための活動が必要である。
　有罪を自認しており、かつ起訴が必至の事件について捜査弁護として、何をしたらいいのかピンとこないということをしばしば聞く。公判における情状弁護活動を予め想定し、捜査段階でその布石をしておくことが捜査段階における弁護活動なのである。
　量刑上重要な事実、例えば事件の動機、目的等について、それが量刑上いかに重視されるのかを接見の時に十分に説明し、適切なアドバイスをすることは、捜査段階における情状弁護活動の基礎的活動である。筆者が担当したある贈賄事件では、捜査段階での弁護活動として、他の業者が贈賄攻勢をしているということを聞き、このままでは「公平な競争により、入札、落札は不可能であると考え、贈賄することになった」旨を動機として調書化させることを目標の一つとした。捜査官との種々の攻防の結果漸く実現したのであるが、それが結果的には執行猶予をもたらす最大の理由となった。贈賄対象者の数、総贈賄額からすれば、実刑となってもやむをえないケースであった。
　さまざまな事情から真実に反して否認している場合は、その事情を探り出すとともに、否認を撤回する際には必ず撤回が自己の良心によってなされたものであること、弁護人、家族からの働きかけの中でなされたものである等、否認の撤回が有利な情状となるように供述調書を作成させるよう被疑者に指導、助言し、取調官に働きかけること等も捜査段階における弁護活動の一例である。

3 公判で何が重視されるのか

　公判における情状弁護の基本は、量刑上重視されるのは何かということを弁護人が自覚することから始まる。

1　量刑上最も重要なのは犯罪事実に関する事情である。

　犯罪事実に属する事情、すなわち動機、目的、犯行態様、被害状況は検察官が立証すべき事項であり、これらに関する証拠が取調請求されることとなる。

　弁護人としては、被告人の主張を詳しく聴取し、誇張されたり、ことさらに歪曲されている供述調書は不同意、少なくとも一部不同意とすべきである。

　有罪を自認する場合に、不同意あるいは一部不同意することは不利益な量刑をもたらすと考える向きもないではない。しかし犯罪事実に属する事情は量刑上最も重要な要素であり、争うべきは争うという弁護方針をとるべきである。特に重大事件である場合は徹底的に争うべきである。

　犯罪事実に関する事情については、捜査段階での供述調書が証拠上非常に重視される。弁護人としては、有罪を自認しているケースについては、有利な犯罪事実に関する情状事実について正確にこれを把握し、調書化させることに全力を尽くすべきである。捜査官が被疑者の供述する動機、目的、背景事情を信用せずに、供述を正確に調書化しない場合は、必ずしも少なくはない。

　このような場合は黙秘させたり、署名押印を拒否する等の強硬な対応を被疑者に指示するべきである。被疑者の供述をそのまま調書化するよう弁護人からも捜査官に申し入れるべきである。捜査官とのやりとりの中でさまざまな事情が判明することがあるが、弁護人はこの情報に関して被疑者から事情聴取をし、被疑者の主張、弁解を補強したうえ、取調べに対応させる等して、正確な供述調書を作成させるよう被疑者を援助すべきである。

　共犯者間の加担状況も、情状上非常に重くみられる。

　弁護人として事実関係に誤りのない限り、被疑者に対して他の共犯者に先行して真実を供述することを勧めるべきである。共犯者間での供述が矛盾している場合、信用性判断のうえで各供述の前後関係等が一定の判断要素となることもあるからである。

　2　犯罪事実に属さない事情を、どのように主張立証するかは弁護人により千差万別である。

　覚せい剤その他の薬物の自己使用のケースではこの相違が極端にあらわれる

格闘から生まれる情状弁護

ことがある。ある弁護人は覚せい剤、薬物の自己使用について、これを処罰することの不当性を徹底的に強調し、被告人の個別事情にはほとんど触れない。覚せい剤に対する国家の対応状況を歴史的に説明し、戦前において軍隊が闘争心の高揚のため積極的に使用していたとか、戦後の復興期は野放しにしていたこと、さらに国際的には自己使用を処罰しないという政策をとる国々も存在することを主張し、欲望の充足に対しては国家は干渉すべきでないとして、憲法論にまで言及するのである。他方、覚せい剤の自己使用を刑罰で規制することを当然のこととし、覚せい剤を使用することによってもたらされる惨状を強調したうえ、これを被告人に告げ、あるいは家族の苦衷を明らかにして被告人に衝撃を与えて、反省の念を深めさせるというかたちで情状弁護を展開する弁護人も多い。

弁護人としては個別事件ごとに情状弁論の立て方を検討すべきで、少なくとも弁護人の主義、主張や好みによって、有利となるべき量刑事情が見落とされるということがあってはならない。

つぎに、犯罪事実に属さない事情について、いくつかのポイントに分けて解説する。

①背景事情について

政治運動、社会運動、労働運動の中で生じた事件においては、それがどのような目的でなされた運動であるのか、さらに具体的な事件発生までの運動の経過等は犯罪の動機、相手方の落ち度等に関係するものであり、犯罪に深く関係する事情として量刑上極めて重要な事情である。正当行為等の違法性阻却事由につながる場合もあるのはもちろんであり、弁護人としては最重要の争点とすべきである。

一般事件でも、深刻な社会的背景の中で生起する事件も少なくない。部落差別、朝鮮人差別の中で殺人や傷害事件が生じたケースもある。また、貧困、家族の崩壊、差別という極めて困難で悲惨な生育歴の中で、歪んだ人間観、社会観を形成して、犯罪行為に及ぶというケースも稀ではない。このような場合、その背景事情を法廷で立証するか否か、またどのようなかたちで立証するのか

は非常に難しい。

　差別等が直接的な契機となって発生した事件は、動機に直結する事情であるので、当然これを立証すべきである。

　弁護人としては、動機等に釈然としないものがある場合は、被告人、関係者からの事情聴取を詳細にして、隠された背景、動機を把握することが求められる。

　被告人に悲惨、困難な生育歴が存在し、弁護人として深く同情し、なんとかして被告人を救いたい、量刑を軽くしたいと考えることは少なくない。

　被告人と同じような境遇で生きてきた人々、あるいは被告人以上に苛酷な状況の中で生き、そして被告人の犯行に苦しんでいる父や母の思いを法廷の中で語らせ、裁判所、被告人双方にその思いを突きつけるということをすることもある。裁判所には、そのような状況の中で育ってきた被告人に対して、苛酷な刑を科すことができるのかと問い、被告人に対してはこのような父、母、人々の思いに対してどう対応していくのかを問うのである。

　被告人は人々の思いに涙し、更生の誓いを明言することとなる。このような場合、常識的な予測を著しく下まわる寛刑が下されることは珍しくない。

　若年者の場合は、量刑事由として被告人の責に帰すことのできない苛酷な生育歴が寛刑の理由としてあげられることが多いが、弁護人としては苛酷な生育歴を単に強調するのではなく、困難ではあるがこれを被告人の更生への強い意欲へと転化、展開する努力が必要である。

　放火、強盗殺人事件等の重大事件で動機が必ずしも鮮明でないケース、あるいは生育歴等が極めて苛酷なケースでは、被告人の生育歴等を含めて、被告人の全生活歴を詳細に調査、鑑定し、これを情状証拠とすることもある。いわゆる情状鑑定である。情状鑑定を量刑資料とすることには賛否両論があるが、最近弁護側が利用するケースが少なくないようである（具体例として、宮尾耕二「情状鑑定」季刊刑事弁護 6 号116頁）。

②反省について
　被告人の反省状況を情状上有利に展開するのは必ずしもやさしいことではな

い。よほどのことがない限り、圧倒的多数の事件では被告人は反省していると供述するのであり、通り一遍の反省の念が情状上重くみられることはない。弁護人にとって重要なのは、反省の念が顕著であることを証明することである。犯行をなす直前の躊躇等は情状量刑上重要であり、捜査段階からこの点を強調して調書化させておく必要がある。犯行後の心理状況、後悔の念、あるいは自白に至る心境も同様であり、捜査段階の弁護活動として被告人にこの点の注意を喚起しておくことが必要である。

　被害者への謝罪の手紙は有効である場合もあるが、逆に被害者感情を逆なですることもよくある。いったん弁護人宛に発送させ、これを点検のうえ、弁護人の被害者への書面に添えて発送するのが無難かもしれない。

　どうせ執行猶予だと高を括っている被告人もいないわけではなく、そのような人々に反省状況を語らせることは容易ではない。弁護人としては家族や関係者に面会をさせ、頻繁に手紙を出させたり、弁護人自らが接見の中で、被告人に対して被害の深刻さ、あるいは被告人の家族の心境等を説いておくなどして反省の念を具体的に展開できるよう準備しておくことも、捜査段階の弁護活動として重要である。

　自己の家族がいかに心を痛め、悲しみ、あるいは社会に対して肩身の狭い思いをしているか等、自己の身に引きつけた自省も反省の一つの側面として重要である。

　更生の決意、自力更生についての周囲の協力、援助の可能性等と不可分の関係にあるからである。

③生活環境の整備

　被告人の改悛の情が顕著で、また更生への強い決意を有していたとしても、被告人の生活環境が十分整備されていない場合は、執行猶予の判決が出るか否かについて不安が残る。弁護人としては被告人の生活環境の整備に尽力する必要がある。同僚弁護士らと更生に協力してくれる人々のネットワークをつくること、あるいは弁護士会と保護司らとの日常的交流を深めて、情状活動の基盤を培養しておくこと等も検討されてよい。

④弁償、示談について

　窃盗罪、詐欺罪等の財産犯については、被害弁償の成否は量刑上決定的である。傷害等の個人的法益に関する犯罪においても、示談の成立の有無が量刑上極めて重要である。窃盗罪等については被告人や、被告人の親族が一軒一軒まわって直接謝罪をし、弁済をしたほうが被告人に対する感銘力は大きい。

　強姦罪、傷害罪等の事件における被害者側の心理状況は複雑であり、誰がどのように被害者側と接触するのかが問題となる。最初から弁護人が交渉にあたる場合、本人、家族がなぜ謝罪に来ないのかと非難されることがよくある。

　最初は弁護人が書面で事情の説明をし、謝罪の意を伝えておき、その後に電話等で訪問してよいか否かを相手方に問うというかたちで被害者側の反応をみるのが妥当であろう。

　強姦事件等においては、示談金の相場があるわけではなく、弁護人として適切と考える額を示すしかない。業務上過失傷害事件、傷害事件等示談金額をある程度客観的に算出できるケースでは、示談成立に至らない場合に算出額を供託する場合もある。

　相手方の真意を確認せず紋切り型の嘆願書に署名押捺を求めた場合、検察官の問合せに対して真意に反する等と回答する場合があり、不同意にされる場合もあるので注意すべきである。別個に嘆願書を作成するのではなく、示談書の中に簡潔に謝罪文言とともに宥恕文言を入れておくほうが無難であろう。

　脱税事件、売春防止法違反事件、賭博事件等、不法な経済的利益の取得が量刑上問題となる事件では、社会福祉事業への寄付、法律扶助協会への贖罪寄付がなされることがあり、量刑上も一定の評価がなされるのが普通である。

　被害弁償について、一審では弁償せずに控訴審で弁償させるということもある。実刑が確実に予想されるケースでは、控訴審での情状弁論の切札として温存するのである。

　しかし、一般的には一審で示談、弁償できるものは一審でそれを提出するのが妥当であろう。極めて特異な量刑観、重罰的傾向を有する裁判官が担当している等例外的な場合に限られる方法であろう。

⑤情状証人について

　親、配偶者等の家族や職場の上司に情状証人として証言を求めることはよくあるが、十分な打合せをすることなく証言を求めるべきではない。

　被告人が犯した事件内容も十分に理解しないまま証言したり、情状証人の本音を知ることなく尋問をして失敗することは稀ではない。妻が情状証人として出廷したものの、もう愛想がつきた、離婚すると証言されてしまった等ということも決して稀ではない。

　情状証人から苦労話を聞き、犯罪を防止できなかったことについての反省の弁を聞く、被告人に対する思い、更生への期待の念を聞く等、情状証人と十分な打合せをするべきである。また、証言前に被告人と面会し、文通による交流をしてもらう等の準備行為を入念にしておく必要がある。

4　否認事件と情状弁護

　贈収賄事件において授受金員の趣旨を争う事例、詐欺事件での欺罔の意思、背任事件での犯意等を争う事例等の場合は、犯罪の成否を争っていても、事件の経過、背景事情等が前面に出されるので、無罪弁論が実質的な情状弁論としての意味をも持つことが少なくない。また業務上過失傷害事件等も注意義務についての争いは、直接情状論としての意味をも持っている。これらの場合、弁護人としては無罪主張以外に特に予備的に情状論を展開する必要はない。法律的評価、事実認定の問題として否認し、無罪を争っていても、道義上の責任は認め、あるいは結果的に損害が生じ、かつそれに自己の行為が関与している以上、結果に対する責任は果たすというかたちで弁償等をすることもある。この場合は無罪論を展開した後に、弁償をしたがこのことは有罪を認めたわけではない等というかたちで触れたり、あるいは冒頭に弁護人、被告人の基本的姿勢等というかたちで触れる程度で足り、予備的なかたちで情状論を展開するまでもない。

　事実の存否を争うというかたちでの否認事件においては、情状弁論、情状立証をすることは、中途半端な対応というべきで、中途半端な弁論は百害あって

一利なしというのが経験的結論ではないだろうか。弁護人として争うべき事案であると確信できるケースでは、否認したからといって重い量刑となるということはなく、むしろ意外と軽い量刑に終わるというのが実態であろう。

　ただし、一審で有罪認定され、しかも実刑を科せられたケース等では、控訴審で無罪の主張をしつつ予備的に情状論を展開することは少なくない。被告人、家族の心情をも考えるとむしろそのほうが妥当であろう。一審で実刑とされている以上、弁護人として情状弁論をするのに躊躇すべきではない。弁護人が悩んだ末、あえて情状弁論をするその胸中を適切に述べれば、別に無罪弁論と矛盾するということはない。

5　弁護人は最後の情状証人であること

　被告人に有利な情状が何もないという事件などはない。勾留されている日々の過ごし方も立派な情状になる。更生への決意を育て、その準備として漢字の勉強をし、本を読みその感想文を書く等ということを実行して、反省の念が顕著であり、更生の決意が固いとして寛刑を得るということも少なくない。弁護人が正面から犯罪事実、被告人と対応すること、場合によっては格闘すること、そして被告人本人、あるいはその家族の将来の幸福のために更生を強く期待し、被告人らに働きかけることがすべての出発点である。弁護人の熱意、これに対する被告人の反応を積極的な量刑事情とする裁判官も少なくない。弁護人自身も重要な情状証人であることを肝に銘ずべきである。

《参考文献》
・「特集／情状と量刑」中の各論文（自由と正義1978年6月号）。
・柳沼八郎・渡部保夫「情状立証はどのように行うか」竹澤哲夫ほか『刑事弁護の技術（上）』（第一法規、1994年）。
・渡辺修「情状弁護論」日弁連編『平成4年版日弁連研修叢書／現代法律実務の諸問題（下）』（第一法規、1993年）。
・拙稿「情状の立証」北山六郎監『実務刑事弁護』（三省堂、1991年）。

・同「殺人事件の弁護はどのように行うか」竹澤哲夫ほか『刑事弁護の技術(下)』(第一法規、1994年)。

(初出:季刊刑事弁護8号〔1996年〕20頁~24頁)

●第３部　更生に資する弁護（髙野嘉雄論文集）

弁護士からみた子どもたち
子どもたちのおかれた状況

1　弁護士が子どもと接するとき

　私が弁護士になって26年になります。大阪で20年間、奈良で6年間弁護士をしているのですが、弁護士になった年から当時兵庫県で起こった八鹿高校事件とか、奈良で起こった映画「橋のない川」上映阻止闘争に絡んで解放同盟、あるいは解放運動と関係を持つようになりました。私は甲山事件とか、いろんな刑事事件をやっているので刑事専門の弁護士だと思っておられる方々も多いと思いますけれども、普通の弁護士です。扱う事件は民事事件、不動産取引の事件とか、あるいはお金の貸し借りだとか、家事事件、離婚事件ですね。そういう事件から労働事件、あるいは少年事件、そういうさまざまな事件を扱っています。
　私たち弁護士はこういう事件を通じて、さまざまな状況に置かれている子どもたちの状況を知る、あるいはそういう子どもたちに接する機会をもっているのです。
　弁護士が子どもたちと深く接することになるのは少年事件です。少年事件というのは少年が非行を行い警察に逮捕されて、家庭裁判所に送られ、鑑別所に入れられて、少年院に行くか行かないかという処分を決める裁判です。弁護士は付添人という立場でそういう子どもたちの弁護活動をします。一般的な事件、

特に家事の事件などでは、子どもにかかわる問題が非常に多いのです。たとえば離婚事件のときに、子どもたちに、お母さんの離婚する経過をどのように説明したらいいのか、あるいは説明しない方がいいのかとか、離婚したときにどちらかの親が子どもを引き取るわけですけれども、そういう場合にお父さん、あるいはお母さんと接触を保ったらいいのかどうかというようなことがらについても、相談をうけることがあります。そんな相談のなかで子どもたちと面接する機会がよくあります。

それから、多重債務といってサラ金等でたくさん借金したときに、どういう対応をしたらよいのかということを私たちは日常的に相談を受けます。やはりこういう場合も必然的に子どもたちは多重債務のなか、要するに借金取りが押し寄せるという状況のなかに子どもたちはさらされているわけです。そういう中で子どもたちにどう対応したらいいのかというようなことの相談を受けることもあります。

刑事事件ということでお父さん、あるいはお母さんが悪いことをしてしまった。警察につかまってしまった。裁判所に起訴されてしまった。あるいは場合によっては、刑務所に行かなければいけないというときに、子どもたちに対してどう対応したらいいのか。こういう問題に私たち弁護士は常にさらされています。

少年事件、悪いことをやったのが当の子どもである場合については当然子どもと向き合うわけですけれども、通常の事件については一般的な傾向として、当事者である親たちは子どもたちをそういう問題から遠ざけようとしています。たとえば離婚をした。離婚をしてお父さんとお母さんが別れる。そういうときに離婚するお父さん、お母さんがどれだけ正面から子どもたちに対峙しているかというと必ずしもそうではありません。むしろ子どもたちに対して、そうなった原因、経過、理由を説明しないことが多く、それが子どもたちのためと思っている人が多いのが現実です。しかし、子どもは、私から言わせると小学校2、3年生頃から、自分の置かれている生活状況、親たちの状況を十分正しく認識しているわけです。さまざまな形で子どもたちは悩んでいます。そういう子どもたちに対して小学校の子どもであっても、一人前の人間として自分た

ちの気持ちを正確に伝えなければいけないと思います。もちろん場合によっては、伝えることがらが余りに重大で、子どもたちの受けるショックが非常に大きくて、事実を伝えられた子どもを支える態勢が整っていない場合などは、伝えない方がよい場合もあるかも知れません。しかしそういう場合でも、子どもが外の人から事実を伝えられている場合、あるいは何となく感じている場合は、親は自分の口から事実を伝えるべきだと思います。たとえば、刑事事件を犯してしまったのなら、子どもたちに対してちゃんと手をついて謝らなければいけないと私は思います。重大な危機に親が直面している時、子どもも又つらい状況に直面している、あるいは少なくとも将来直面するのです。つらい時、悲しい時程、人は、当然子どももですが、人との、近親との絆を求めます。この絆があってこそ人はつらい思い、悲しい思いを乗り越えることができるからです。

　弁護士会の中には子どもの権利委員会というのがあります。その中で非行問題とか、児童に対する虐待問題、あるいは体罰とか校則問題、あるいは登校拒否に関する問題を取り扱っています。

　奈良弁護士会では、昨（1999）年から非行少年の更生、立ち直りに向けて、何とかして、ネットワークをつくりたいと考え、警察の人たち、学校の先生方、あるいはPTAの人たち、鑑別所、少年院の人たちと何回か話し合いの場を持っています。なぜ私たち弁護士がそのようなことを考えるのかというと、はっきり申し上げて私たち弁護士の目から見ると、先生方も、PTAの人たちも、子どもたちの状況を本当によく把握しているのだろうか、という疑問があるからです。私たち弁護士がそういう面で優れているというわけでは全くありません。私たち弁護士が子どもたちと接する状況が先生方、PTAの方（つまり子どもの親ということです）とは全く異なった状況だからです。

　子どもたちがおかれた状況が全く異なっているからです。たとえば家にいたら家の中で子どもたちがもう年から年中反抗して、生意気なことを言っていて、ついつい腹が立ってしまう。学校の中でも、先生の言うことを聞かないというと、もう無性に腹が立つこともあると思います。そういう日常的な生活の場で子どもたちに接している人々は、意外と子どもたちの本当の姿を見逃しているのじゃないかという気がします。少なくとも子どもたちが日常生活の中では現

わしていないもの、隠しているものに気付いていないのではないかと思います。

　私たち弁護士が子どもたちと接する場というのは、非日常的な、ギリギリの限界的状況の中です。非行をして警察の留置場にたたきこまれている。あるいは、鑑別所にたたきこまれている。そういう状況にいる子どもたち、あるいは親が離婚するということでそれに巻き込まれて悩んでいる子どもたち。親が刑事事件を犯してしまって、親が刑務所にいれられるかもしれないという立場で悩んでいる子どもたち。あるいは親が多重債務で悩んでいて、子どもたちがこれからどういう生活をしなければいけないかという不安に苛まされている、不安に直面している子どもたち。これは極めて特異な場です。こういう場の中で子どもたちというのは自分たちの本音をさらします。日常生活の中ではかいま見られない子どもたちの姿を、私たち弁護士は目の当たりにしているのです。そういう状況の中で、子どもたちを見て、どうも先生あるいは親御さん、PTAの方々の見方というのが、ちょっとズレてるんじゃないか。本質を見抜いていないんじゃないか。あるいは根底にあるものを見逃してるんじゃないかという危惧をおぼえることが多いわけです。

2　子どもたちの状況

　少年非行を例にとって子どもたちの状況というのを具体的にお話ししたいと思います。

　私が申し上げたいことの結論を先に申し上げますと、少年非行というと悪いガキが、極端なごんた者が重大な犯罪をして警察のご厄介になって、鑑別所に行き家庭裁判所に行って少年院に行くというお考えの人が圧倒的に多いかもしれませんが、実はそうではないということを私は申し上げたいんです。

　昔、少年院に行く子どもなんていったら、粗暴で暴力的でとても大人の手に負えないという感じの子どもたちが圧倒的に多かったですけれども、今の世の中では、鑑別所に収容され、少年院に行く子どもたちと普通に生活している子どもたちの間にそう大きな差がないんです。

　茶髪にし、ピアスを入れている子どもは沢山います。私の娘もそうです。茶

髪にし、ピアスを入れることは普通のこと、何ら特異なことではありません。

　そういう子どもたちの中から、ひょんなことからシンナーを吸うという体験をし、万引きをし、暴走をし、オートバイを盗み、車を盗んでしまう、恐喝をする、などということで逮捕され、鑑別所、少年院に入れられてしまうのです。中学時代から暴力的であったり、暴力的な子ども同士がグループを組む、そういう子どもたちは極めて少ないのです。何かのキッカケで暴力をふるったりする子どもはもちろんいるにはいるのですが、日常的に暴力的では必ずしもないのです。少年院や鑑別所の職員の方、警察の少年係の警察官の人たちは、最近の「非行」少年の大半は、なんでこの子がこんな事件をしたのか分からないという子どもたちだといいます。確かに皆茶髪でピアスを入れているけれども、また夜遅くまで遊びまわってはいるけど、皆、素直で、性格も温厚な子どもたちだからです。

　少年非行というと、よく言われるのが道交法違反、要するに暴走行為をするということ、あるいは無免許運転をするということで、警察や少年院の世話になる子どもたちもいますけれども、この暴走する子どもたちというと、みなさんのお子さんたちとぜんぜん違っているように見られるかもしれません。けれども、暴走する子どもたちのまわりには、運転はしないけれども、後ろに乗る子どもたちがいる、暴走行為を見に来る子どもたちがいる。暴走行為に共鳴する子どもたちがいるのです。暴走行為に実際に参加する子どもと参加はしないが暴走行為に共鳴し見物する子どもたちの間には全く境はありません。ちょっとしたことがキッカケで見物していた子が実際に暴走行為をするのです。そういう意味では暴走行為をする子どもは特別な子ではありません。しかし社会的には、又法律的には参加することと、見物することの差は絶対的なものです。一方は「非行少年」であり、逮捕され鑑別所、少年院に行くのです。

　暴力行為、傷害を与えるということで事件になることについても、いろいろな事件があります。一番多いのは、生徒同士の暴行ですね。いじめみたいな暴行から始まって、中学校同士、あるいは高校同士の悪グループの対立とかそういう風な暴力事件。あるいは先生に対する暴力事件というのがあります。対教師暴力については、先生に逆らう、まして手を出すというのは「なんちゅうガ

キどもや」ということを、みなさんお考えになります。確かに子どもたちの中には、学校の中で煙草を吸うのはあたりまえで、ひどいのになると学校のなかでオートバイを乗り回すような子がいて、先生の胸ぐらをつかんでボンボンとぶったたく奴がいるんですけれども、そういうイメージを考えると、なんか粗暴でどうしようもない子どものように見えるんですけれども、実は必ずしもそうでない。

私も校内暴力の事件を何件か扱っていますけど、今扱ってる事件は、奈良市内のある中学校の生徒ですけれども、この子はふつうの子とたいして変わりありません。茶髪にはしているけれども、極端な茶髪にはしていない。ピアスをしているけれども、学校に行くときには穴をつめて行きます。別に服装も特別な学ランを着たりとかそういうことをしているわけではありません。喫煙はしますけれども、学校でおおっぴらに喫煙をするわけではないのです。しょっちゅう喧嘩をするわけではないけれども、教師に対しては反抗的で怒鳴り声をあげて教師の胸ぐらをつかむ等という行為をする。それで学校が思い余って警察に相談をし、その子は逮捕されて、その後私が付添人になりました。鑑別所を出てきた後、その子の勉強を私が2週間に1回位教えにいっていました。

3　非行にはしる原因

実は私は娘が小学校5年の時から高校3年生の時まで家で毎日曜日の晩、勉強をみていました。娘を含めて3人から4人位の子どもたちを教えていました。私が娘の勉強をみたのは別にいい学校に行かせるためではありません（もちろん正直にいえば娘が勉強ができて、いい学校にいけたらいいのに、とは思っていますが）。学力が著しく低いということで、「どうせ私は」という劣等感をもたせたくないからです。それなりに努力して勉強をすればそこそこの成績をとれるので、劣等感をもたなくてすむからです。

私が弁護した「非行」少年の何人かに勉強を教えたこともそれまでにありましたが、その動機はその少年たちが極端に低学力であり（中学3年生なのに小学校4年位の学力でした）、それが後に述べるように非行の根本的な原因で

あったこと、少年たちにかかわる先生方が結果的に少年たちを低学力のまま放置していたからです（教えようとは努力していましたが、結局少年たちは努力しなかったということです。先生方は人は羊を水飲み場に連れていくことはできるが、水を飲むのは羊であり、飲ますことまでは人はできないといっていました）。

そういうこともあって、中学三年生であったこの少年の勉強をみることになったのです。私が弁護士として、いろんな説教をすると同時に勉強を見てやろうということだったら、当然きちっと座って勉強しなければいけないんだけれども、その子はそうしたことができないのです。ふにゃふにゃして、しまいには寝そべりながら「なんで勉強するんだよ」というふうに逆らうのです。「なんでって、俺との約束だからやれ」と１時間位しつこく言うのです。そういう説得をして、勉強を始めないことには私は帰らないということで、仕方なく机にむかって座り、勉強を始めました。

勉強は国語の漢字の書き取りと読み、意味の説明でした。すると意外にスラスラと勉強しだしました。宿題もしていました。ところが問題が難しくなるとまた勉強をすることに抵抗しだしたのです。

要するに今までに蓄積していた学力で対応できる問題については、できることを私に示すことができるので勉強ができたが、難しくなってくると当然できない、できないことを私にさらけ出さざるを得ない。これは弱みのひとつを私にさらけ出すということです。恥ずかしい、もうそれ以上私と対応したくない、だから私が勉強をみることを拒否する、私に反抗するということになってきたのです。

少年の、教師や勉強しろとウルサクいう父母に対する反抗、苛立ちの真の原因はどうもここら辺にあったということが分かりました。この少年は中学３年生であり、高校受験を控えていたのですが、本人は進学希望でした。しかし学力的に入学できる高校は極めて限られており、勉強をしなければ駄目だ、学力を上げなければ駄目だとは思っているわけです。しかし勉強するということが、この子にはどういうことをしたらいいのかピンとこないわけです。

私は低学力の子どもたちをみていて気付いたのですが、彼ら、彼女らは勉強

をするということ、具体的にどうしたらいいのかということを知らないのです。大人にはこのことが理解できないかも知れません。机の前に座り、問題を解く、答えが間違っているかどうかを調べて、間違っていたら、なぜ間違っていたのか、なぜ答えはこうなるのかを理解する。理解できなかったら参考書を調べたり、先生に教えてもらう、そして答えを覚える、答えを覚えるためには答えを口に出して何回もいったり、書いたりして記憶していく。この作業が彼らには身についていないのです。解らないのです。私が教えた子の大半は辞書を引いたことがない子どもたちでした。積極的な意欲がない子どもたちに勉強を指導するのが大変なことはよくわかります。確かに羊たちを水飲み場まで連れて行っても、水を飲むか否かは羊が決めることということがあるかも知れません。しかし水を飲みたいと思うようにすることが教育ではないでしょうか。

　私の場合は対象が非行少年ですから、家庭裁判所で審理され、調査されている少年です。私の指導に従うか否かは少年にとって重大な利害にかかわってきます。私のいうことを聞かなかったら裁判所の心証を悪くするのではないかという計算を子どもたちはしています。だからイヤイヤでも私の指導に従って勉強するという実態はもちろん承知しています。しかしこれらの裁判所の審理の対象となっていない子どもたちも「非行」少年につきあって、私の「塾」に参加してきたこともあります。この子たちも極端な低学力の子たちでした。中学校にもあまり行っていない子たちでした。いわゆる「学習意欲」など全くない子たちかも知れません。家で机の前に座ったこともなく、教室でも10分と落ちついていない子どもたちです。この子どもたちが毎週日曜日、私の事務所まで来て２、３時間勉強（主に漢字の読み、書き、意味の説明をしていました）をしていたのです。羊たちは皆、ノドが渇いているのです。極端な低学力ということは学力を欲しているということです。

　学習意欲がないと言い切る前に、学力がないということが子どもたち自身にとってどういうことか考えて欲しいのです。学力のない子どもたちは電車、バスに乗る時にものすごく緊張します。まず切符が買えません。下車駅の表示が読めないからです。彼らがどんなふうにして切符を買うか知っていますか。漢字が読めない子は最短区間の切符をまず買って、下車駅で精算するのです。乗

車後は駅名のアナウンスに全神経を集中します。聞き逃したら下車駅を間違うかも知れないからです。

　私は子どもたちと食事をしたことがあります。子どもたちとシャブシャブを食べたことがありますが、びっくりしました。彼らは牛肉、豚肉の違いがわかりません。野菜の名もほとんど知りません。ある子は高校入試に失敗して就職しました。しかし1週間もしないうちに辞めてしまいました。ヤル気がないから辞めたと大人たちは本人を説教しました。そのなかで辞めた理由がわかりました。マンションの一室を会社からあてがわれたのですが、風呂の沸かし方が分からなかったことが原因なのです（この子の家には内風呂がなかったのです）。そんなこと雇い主等に聞いたらよいのにと皆思いました。でも極端な低学力の子どもたちは、共通して他人に、特に大人に尋ねる、教えてもらうということをしません。聞けないのです。そんなことは学力とは関係のないことだといわれるかも知れません。私もそう思っていました。しかし極端な低学力の子（漢字の読み書き能力でいえば小学生の3年、4年以下）の場合は、私はこれは低学力そのもの、少なくともそれに極めて密接した関係にあると思います。

　話は変わりますが、子どもたちの事件の中には金銭などにかかわる事件も数多くあります。小は万引きからはじまって、通行中の人からお金を脅しとる。カツ上げですね。それからバイクをとる。あるいは自動車をとる。あげくの果ては強盗をするという事件があります。強盗事件ということで私は何件かやりましたが、最近の若い子どもたちの強盗事件というのは、私たちが大人の事件で扱う強盗事件とは様相が異なっているものが多いのです。

　私がやった事件というのは、19歳の子でしたけれども、鉄パイプで夜間金庫にお金を預ける人の頭をかち割って金を奪った事件です。大人ならば刑務所へ10年近く行かねばならない事件ですが、実はこれもお金が欲しくてやった事件ではないのです。前科も何もない少年たち5、6人（半分は女性）がなんとなく集まって雑談をしているとき、金が欲しいという話になりました。そんな中で冗談話として銀行強盗でもしようかという話が出てきたのです。銀行強盗のやり方を話題にしていくうちに、夜間金庫に金を入れに来る人を襲おうかという話が出てしまうわけです。その少年は仲間うちで虚勢を張っていたものです

から、他の仲間は本気かなという感じで聞いています。本人は今更冗談だといってそれを撤回できなくなってしまうのです。予行練習として珍妙なかっこうをして、こうしようとかいいながら、本音としてはそれを止めてほしいという気持ちを持っているのだけれど、誰も止めてくれない。そういうなかでその子はそんなことをやってしまう。

　その場にいてその話を聞いた他の少年たち、少女たちは本当にやるのかなという気持ちで一緒に車に乗って銀行まで送っていくのです。

　つい最近、奈良市内の中学生が、高校生を殴って気絶させて物をとったということで、強盗致傷事件ということになっていますけれど、実は私の事務所で一人の子どもの弁護をしていますが、積極的に暴行をはたらいていない子が、その場で手伝い的な行為をやってしまう。要するに巻き込まれ型の犯罪というのが非常に多いのです。断れない、ついていってしまう行為が、刑法的な法律からみれば、それは強盗の共犯ということになる。そういう形で事件に巻き込まれる子どもが非常に多いのです。

　日常生活の中ではこの少年たちは本当に普通の子です。家族たちも少年たちが強盗致傷で逮捕されて本当にビックリしています。少年たちはカツ上げでもするかというほどの、軽い気持ちで、いつの間にか相手方の反応に対応して手を出してしまいます。手を出さない子は、別に自分が手を出しているわけではないし、チョット加勢する気持ちと面白半分でその場にいたというような事件です。しかしそれでも、その場にいた子は法律的には強盗致傷罪の共犯です。成人だったら絶対に執行猶予とはならず、最低で3年6カ月以上の実刑となってしまうのです。

　性に関する犯罪というのも、若い子どもたちの間で問題になっています。性犯罪というと強姦罪の事件でありますが、大半はいわゆる軟派の変形です。軟派は子どもたちにとって抵抗感がない行為になってしまっています。性的な関係を他の異性と持つことに倫理的な抑制感がないため、軟派してもどうってことはない。女の子が軟派されるのをいやがったからちょっと車のなかに入れてしまった。その行為が強姦罪なのです。そういう行為をする子どもたちには性にたいしてどういうイメージがあるかというと、女性は嫌だといっているけれ

ど、やりたがってるのだというイメージが子どもたちにはあるわけです。だから実際には女性に暴力的な形で性を強いているのですが、やっている子どもたちにはそういう意識がないわけです。だから彼らは逮捕されるまで大したことはないと思っているのです。ところが逮捕されてしまう。しかも強姦致傷罪です。このような事件は例外なく少年院へ入れられます。そういう事態に直面して泣き叫んでいるというのが子どもたちの状態なのです。

　軟派といわれても、私たちの年代はイメージがぴんとこないかもしれません。いわゆる万引きか窃盗を考えていただきたい。私たちの時代には柿の実をとったり、駄菓子屋のものをちょっととることでした。強姦やら窃盗というと私たち大人はとてつもない悪いことというイメージを持ちます。そういうことをするガキはよほどの悪い奴と考えがちです。しかし現実にそういうことをする子どもたちはそういうつもりでやっているわけではありません。悪いことだということはもちろん分かっていますが、みんながしていること、大したことではないという感覚なのです。このように少年たちと大人たちとの間にズレがあります。ズレがあることを大人たちは見てほしいのです。

　非行をおこなって警察に逮捕され、鑑別所に入れられ、家庭裁判所に送られるという子どもたちは特別な子どもではないというのが私たち弁護士の実感なのです。例えば強姦、強盗をやる子どもたちは物凄くすさんでいるから、逮捕されたぐらいで、お父さん、お母さんと叫んで泣いたり、嘆いたりしないと皆さんは思われるでしょう。実際は違うのです。親たちが面会したら泣くのです。なかには親子の関係がうまくいかないで率直に親に対して泣けない少年たちがいるけれども、少なくとも私たち弁護士が付添人として面会したときは、こういう子どもも例外なく泣きます。最初はニタニタ笑っている子でも、これから先どうなっていくのか分かっているのかという話をするなかで、自分の本当の気持ちを言わないことにはどうしようもないところまで追い詰められていくと、「助けてほしい」と言って自分の本性をさらけ出すしかないのです。これは大人の場合と著しく異なる反応なのです。私たち弁護士は、そういう状況のなかから非行に走ってしまう子どもたちに対して、特別な子どもではないという印象を持つわけです。

子どもたちのおかれた状況　　179

特別なというのは、こんなことを言っていいかどうか分かりませんが、たしかに人間の中には生まれつきというか極めて粗暴な人がいます。何かにつけて暴力を振るう、動物的というしかない形で反抗する子がいます。しかし非行少年の９割以上は、そういう子どもたちではないというのが私の経験です。特別に悪い子ではないのに「非行」少年として逮捕され、鑑別所に入れられ少年院に収容されている少年には、共通した特徴があるように感じます。

　それは第一に共通して学力が低いということです。学力が低いことが非行の直接的な原因には決してなっていません。学力が低くても非行に行かない子どもは沢山います。ただ学力が低いことが原因になって次のような現象が起こります。

　学校の中から疎外される。できない子は先生にとってお荷物なのです。学級の子どもにとってもできない子はお荷物なのです。授業中ざわざわして落ちつきません。奈良市内Ｔ中学の教師にたいする集団暴行事件として私が弁護した５人程の少年たちは５分と机に座ったことがないというような子どもが大半でした。こんな子どもは学校からもクラスからもお荷物扱いされます。このような状況で、疎外され、学校から結果的に排除されるわけです。先生方がいかに手をさしのべているように見えても、子どもたちの感覚、感性としては、自分は異質の存在、嫌われている存在であると思わざるを得ないのです。またそれは事実であると思います。そんな中で、できない者同士がグループ化していく傾向があるわけです。こうしたグループが昼の時間、夕方、あるいは夜、あるいは場合によっては一緒に宿泊するというかたちで一緒にいる時間が多くなればなるほど、必ずといってよいほど悪いことをするようになるわけです。

　私たちのガキの頃は、みんなが集まればどこか山へ行こうとか、川へ行こうとか、海へ行こうとか言っていましたが、今の子どもたちにはそういう場所がないわけです。行くとしたらゲームセンターへ行くか、金がなければコンビニエンス・ストアの前に集まっている。集まって何をするかといえば、何もするわけでもない。あるいは家のなかでゴロゴロしている。一緒に音楽でも聞いているのであればまだいい方です。ただパラパラ集まって日常的な会話をして時間をつぶしている。その中で金がない、女の子と遊びに行こうかなという話に

なります。自動車やバイクに興味がある子がいたらバイクをとりにいこうかという行動に走ってしまう。これはシンナー等においても全く同じであります。
　このように、学力が低いということがもたらす、学校又は仲間からの疎外というものは、彼らを同病相哀れむというのか、小集団として集まらせる傾向があります。それが結局非行に走らせる根底的な原因を作っているのではないかという実感が私たち弁護士にはあります。
　第二の特徴としては、主体性がないということです。非行に走る子どもたちは茶髪にしたりピアスをしています。大人の目からみたら、わがまま、自分本位に見えます。学校で宿題を出してもやってきません。それを見るとわがまま、自分本位に見えるのです。たしかにわがままで自分本位です。でもそれが自分の主体性と結びついていないのです。それは単なる不満、従順になることを拒否する意思表明であっても、自分がこうしたいということのあらわれではないのです。だから私たちに言わせると非常に主体性が弱いと言わざるをえないわけです。見方を変えるとわがままなようだけれどわがままでないというふうに感じてしまうのです。
　これはどういうことかというと、先程も申し上げたように、今の子どもたちの非行をみていると一人で悪さをする子は非常に少ない。大半が複数です。雑談の中でふと誰かがこんなことしてみないかと言い出し、他の仲間も本音としてはそんなことやりたいわけではないと思っているのですが、「やめようや」という勇気が出ない。そんなこというとカッコ悪い、あるいは仲間はずれになる。少なくともその場の雰囲気をシラケさせたくないということで、ずるずるとそれに参加してしまうのです。
　もちろん大したことはないと思っているといっても、悪いことに参加しているという意識はあります。

4　仲間意識が生む子どもたちの犯罪

　ところで、人間最初が肝心なのです。
　私は高校生のときにパチンコ屋に、学生服で行っていましたが、最初、パチ

ンコ屋に入るときは非常に緊張しました。いったんやってしまうと、次からは胸がドキドキしなくなるのです。

　私自身高校生の時、本屋のおばさんからエロ本を買うのが恥ずかしくて万引きしてしまったことがあるのです。これも同じです。最初、行うときは胸がドキドキして冷や汗が出ます。もし見つかったら警察へいかなければならない。そういう思いで１回目をしてしまう。今時の子どもたちも、もちろん多少は胸がドキドキしているのですが、複数でやっている、皆とやっているということから、また自分は直接手を出すわけではなく、ただ見ているだけだからということで、このドキドキが小さいのです。

　そして２回目は慣れもあって、１回目の不安感は消し飛んでいってしまうのです。ますます誘いを断われなくなっていくのです。

　例えばこんなケースもあります。車の窃盗に行きます。友だちから言われて、何をするのか分からないうちにそこへ連れて行かれる。行ってみたら友だちが車内の物をとろうという、そして本人はそこで見張りみたいな役をさせられる。見張りは直接車に手をつけたり、取っているわけではないので、悪いという感覚はあまりないのです。しかしこういう場合、例外なく仲間から戦利品の分配を受けてしまいます。主導的立場で働いた子どもは仲間意識をもって仲間を誘います。そして仲間意識の発露として戦利品を分け合うのです。その結果、いつの間にか共犯者意識が形成され、次の誘いをますます断わりにくくさせることとなります。

　警察にパクられたとき、みんなが言います。何であんなところへついていったのか、何であんなことをしたのかと。父母もいいます。家にいればいい子なんです。勉強はできなくても、よく言うことは聞くし、手伝いもするのに、と……。そんな子が窃盗をするし、強姦の共犯をする。強盗の共犯をする。親の立場から言うと、なぜ断れないのかと言うのですが、現実に子どもたちは断れないのです。

　私は仲間から抜け出せないのは「非行」少年特有のことだとは思っていません。私には２人の娘がいますが、仲間のなかで買物に行こうということになったとき、家のなかで娘たちは、○○ちゃんとは行ってもつまらない、本当は行

きたくないと言っているのです。行きたくなければ行かないと言えばよいじゃないかと言うと、そんなことは言うわけにはいかないというのです。娘たちは本当に普通の子で、非行歴もありません。そういう子どもたちでも仲間と別行動をすることができないのです。「非行」少年たちは学校あるいはクラスのなかではじかれている、はじかれたなかでようやく作っている小さい集団から彼らは外れたくないのです。外れたくない、外されたくないから断れないのです。そうしたなかで犯罪に巻き込まれて、鑑別所や少年院に入れられるような結果になってしまうのです。

　集団の結束が強いのかと言えば、そうでもないのです。なんとなく集まり、何となく語り合い、何となく散っていくのです。そういう関係なのです。

　皆さんの頭のなかには、そういうグループのなかに悪いのが一人か二人はいると思うでしょう。それがいないのです。面倒みのいい奴はいるんだけれども、強力に統制して引っ張る子は意外といないんです。皆、同じ、どんぐりの背比べのような仲間なのです。しかし、それでも悪いことをしてしまう。悪いことをするのが嫌なら離れればいいのに離れられない、そういう関係です。主体性が子どもたちから失われている。あるいは本当の意味でのわがままさが失われている。言葉を変えていうと自分の気持ちをきちっと表現すること、自己の意思に従って行動することをこれまでずっと奪われてきた結果ではないかという印象を我々は持つわけです。

5　非行をする子どもたちの再生の処方箋

　非行を行う子らは特別な子ではありません。暴力性とか粗暴性というのは一般にはありません。家庭内での状況を見ていただいたらよく分かるのですが、一般的にいうと、強姦事件とか窃盗、万引き、シンナーなどをやっている子どもたちも、私が知るかぎり家庭内で粗暴な形で父母に対応するというケースは非常に少ないという印象です。

　家庭での子どもの様子を聞きますと、特に問題があると指摘する親は意外と少ないのです。だいたい8割位は家庭ではいい子だといいます。ただ、私たち

が感じるのは、たしかに家庭内で暴力等は振るっていないけれども、やはり父母の子どもに対する対応は問題があるケースが多いという印象です。非常に甘やかして叱ることをしないとか、放任だとか、逆に口うるさすぎる、過度の干渉をしているとかという印象をもちます。

　子どもを一個の人格として、親が子どもと向きあっていないケースが大半であると思います。

　少数ですが深刻なケースがあります。親が子どもを虐待する。些細なことでしょっちゅう子どもを殴りつける親がおります。そういう子は親に対して反抗心を持っているけれど、直接親に反抗をぶつけることはできないから沈潜化し、そういうグループと交際し、反抗して家出をするパターン。あるいは親への反抗を暴力的な形でやっている例も確かにあります。

　家庭内暴力のケースで私の体験した印象というのは、一般的にいうと非常に厳しくて、子どもに対して過剰な期待をしている親、あるいは兄弟のなかで非常に優秀な子がいて、それに対する比較という状況にさらされているというなかで、そのような反応をしていくのではないかという印象を受けるわけです。私たちは、基本的な家族関係の有り様というのは子どもたちの非行化のうえで非常に大きなウエイトを持っているんだという認識を持ってはいます。家庭内の中から、親子関係から、本当は変えなければいけないし、個別的な事件を扱う上では、家庭内での親子の関係の調節ということに最大の努力をしています。

　例えば私たちは、泣いて父母に助けを求めるのを、再生の第一歩と位置づけています。子どもは、今までの親子、あるいは自分の今までの学校等に対する対応を捨てて、素直に、見栄や、突っ張りを打ち捨てさせることがやり直すための第一歩だと思うものですから、子どもが助けてと泣く場面をどうやって作るかというのが弁護活動の基本になります。ですから素直に泣けるような状況の子であれば、すぐに両親に面会に来てもらい、そして何回も面会してもらいますけれども、なかなか泣かない、あるいは見栄とか、親子の関係が必ずしもうまくいっていない子どもたちの場合は、すぐには面会を親にはさせません。私たちは、少年が助けを親に求める心境に達した段階で、はじめて面会を許可して泣かせるという段取りをします。

こういう形で、個別の事件では親子の修復を図っているわけですけれども、もうひとつ私たちが期待するのは、学校の先生方の子どもたちへの対応です。
　そういう子どもたちに対応することが非常に難しいことは分かっているのですが、先生方に「非行」をする子どもたちへのアプローチを考えていただきたいと考えています。
　私たちは、様々な子どもたちとの接触の中で、子どもたちに対して次のように考えています。先程と重複しますが、非行をする子どもたちは決して特別な子どもではなく普通の子どもです。私たちが昔そうであったように、その子も子どもです。子どもらしい心を基本的には持っている。それが様々な問題、主に学力の問題ですが、それによってその素直さが隠されている。それだけにすぎないのです。
　もう一つ、私たちは、子どもは子どもだけれども独立した人格だとも思っています。これは少年非行を例にとるとわかりにくいかもしれませんが、離婚をしたときに子どもたちに対して、なぜ父と母が離婚したのかを、私は言いなさいと両親に言うのです。それは、子どもたちは先程申し上げたように、子どもは子どもなりに、大人と同じように悩んでいるのです。それを隠したりすると子どもはねじれてしまうのです。ねじれてしまうとそれを元に戻すのはものすごくしんどいのです。ありのままをさらけ出して話をしなければなりません。つまり子どもは独立した人格であるということで接しなければいけないんじゃないかと考えています。
　もう一つは、そうはいっても、子どもは純真だというふうに大人が信じきってしまうのは、これは明らかな誤りで、これは先生方が一番よく分かっていると思いますが、子どもというのは非常にずるいです。このずるさは、私たちが子どものころにずるかったのと同じずるさなんで、それを、この野郎というふうに思わないでほしい。子どもというのは一般的にずるいんです。大人を見ながら子どもは生きているんですから。そこらのところを自覚しなければいけないのではないかと思うのです。ずるさをきっちり認識していないと、子どもたちに容易に付け込まれます。裏表がある行動をとる子どもたちは多いわけですけれど、ずるさも子どもらしいずるさで可愛らしいものです。大人がちゃんと

子どもたちのおかれた状況　　185

対応すればそのずるさは完全に引っ込んで、そのずるさはすぐに信頼感に転化するというずるさです。

　要するに子どもたちは大人をよく見ているのです。大人が前に言ったことをよく覚えています。大人が片一方でお酒を飲みながら、煙草を吸いながら子どもに対して、煙草を吸うな、酒を飲むなと注意します。これは矛盾です。この矛盾に対して子どもは必ず逆らいます。その時にお父さん（煙草を吸う人・酒を飲む人）はどう言うのか、これは別に決まった言い方などあるわけではないのですが、言い方を絶対変えないことです。そういう価値観とか、人生観について一貫した姿勢を持っていることを大人が示したときに子どもたちは安心することができます。

　何よりも大人は子どもたちを切り捨ててはならないということをすべての大人たちに持っていただきたい。特に非行を犯した場合、先生方にそれを持っていただきたいと思うのです。両親は子どもが非行を犯したからといって、見捨てることをしませんけれども、校内、校外でいろいろな問題がある子どもたちについて先生方はどうしたらいいのか悩むことがあります。それなりに努力をしていても子どもたちは変わってくれないこともあります。そんなとき警察に突き出すことを、私は悪いとは思っていません。自分が手に余った時は仕方がないことです。子どもたちはそれにつけ込んでまた悪いことをしているという側面もないわけでもないので、そういうとき警察に相談し、頼るということ自体を私は否定しませんが、しかし、それは子どもを更生させるための第一歩であるという自覚を、先生方及びPTAの方々は持っていただきたい。子どもを警察に売るのではないのです。しかし、子どもたちは先生やPTAの人たちが俺を売ったと思っている。そこで信頼関係が断絶しているわけです。

　この断絶を、そうではないという形で、少年を更生させるために、今のような君のあり方をかえてもらうために今まで先生方やPTAの方々が努力したけれど、それはできなかった。だから警察に頼んだ。決して手放したり、突き放したわけではない。その次に君に手を貸して君を更生させるのは私たちだ。そういう立場で子どもたちに向かってほしいわけです。

　私の経験では、生徒を警察の手に委ねるまでは喧々諤々の議論があるものの、

警察に逮捕してもらった後の対応について学校は受身すぎると思います。後は警察、家庭裁判所に任そうという対応です。裁判所から要求されればそれなりのことをするという程度です。私はこのことに非常に不満です。鑑別所に4週間程入れられた子どもたちの大半は、中学生の場合、学校に戻ってきます。どう戻らせるのかをもっと考えて欲しいのです。私の経験では、なにも触れずに受け入れるというのが圧倒的です。

　逮捕され、鑑別所に入ったというのは事実であり、ほとんどの友人たちは知っています。先生方はもちろん全員が知っています。PTAの役員の人たちも知っていて当然です。そんな状況で事件に触れることなく、受け入れるということでよいのでしょうか。以前の交友関係が断ち切られることなく続くのではないでしょうか。

　子どもたちは皆それなりにやり直そうと思っています。もしこれまでと同じだったら次は少年院だと思っています。誰だって嫌なはずです。

　また子どもたちは先生たちが今の自分をどう思っているのか、友だち、仲間は今の自分をどう思っているのかについて疑心暗鬼になっています。

　このような状況にある子どもたちに対して、先生方は子どもたちと十分に話し合いをするべきです。説教ではなく（説教は家裁等で十分にされています）、どのようにして今回の事件のこと、今の自分の考えを皆に伝えていくのかということを話し合うべきです。私は少なくとも学級の中で、子ども自らが皆に現在の自分の考えを表明すべきだと考えています。プライバシーとかそんなややこしいことを考える前に、子どもを立ち直らせるためにはその方がよいと私は考えています。子どもは抵抗するかも知れません。親が抵抗するかも知れません。しかし、子どもはすでに調査官や裁判官や弁護士に対して自分をさらけ出しているのです。もちろんそこまでいっていない例もあるかも知れません。

　しかし、恥ずかしいことをしっかりと受けとめ、真剣に自分を見つめ直すことが今まで欠けていたということを、大半の子どもは認識しています。鑑別所における技官の調査、調査官の調査はこれを目的にしています。鑑別所で、子どもたちは、はじめて自分を振り返るという作業をしているのです。そのような作業の継続として、新しい再出発のスタートの一歩として級友たちや先生に

子どもたちのおかれた状況　　187

対して現在の自分をさらけ出すことは極めて重要であると思います。

　しかし、このような私の考えはこれまで全て無視されてきました。どうか皆さんで私の考えを検討して下さい。

　冒頭で申し上げましたように、弁護士というのは、子どもたちに対する場が非常に特殊です。その特殊性は何かというと、子どもたちが追い込まれているという点です。子どもたちが助けを求めている、そういう場に私たちは登場するから、今みたいな偉そうなことが言えるのです。子どもたちは逮捕されたときに、売られたとは思っている。けれども、助けてくれといっているのです。こういう叫びというのは、今まで、彼らの十何年間の生活の中で失われていた言葉です。その言葉をやっと取り戻した訳ですから、その問いかけに答える、そういう対応をしていくという視点だけは絶対に確立していただきたい、このように考えています。

（初出：『部落解放　なら』13号〔2000年3月〕38頁〜49頁）

●第3部　更生に資する弁護（髙野嘉雄論文集）

死刑事件の弁護活動

1　2004年末、奈良県で2件の重大事件が発生した。ひとつは妻子3人を殺害した事件、もうひとつは小学生の女児を誘拐して殺害し、その死体の映像を家族に送りつけ、次は妹だと脅した事件である。2つとも委員会派遣事件とされ2名ずつの弁護士が当番弁護士となった。

2件とも奈良県北部の警察署に留置されたということもあり、私の事務所から私を含めて3名が両事件の弁護につくことになった。妻子3人を殺害した事件は精神状態に問題がある事件であり、死刑求刑はないと思われたが、後者は死刑求刑が予想される事件であった。当時私は登録30年であった。弁護士である以上、死刑事案を担当すべきである、回避してはいけないという思いもあり、

後者の担当者として名乗りをあげた。もう一人の弁護人としては、私の事務所の弁護士歴2年の若手を指名した。当初は更にもう一人の若手を指名したのであるが、所属事務所からクレームがついたようで結局辞退され、私の事務所のみで事件を担当することとなった。

2　私はそれ以前京都の元警察官が警察官を殺害し、拳銃を奪取して、その拳銃を使用して大阪の消費者金融を襲い、店員を殺害して現金を強奪するという事件を担当したことがあった。この事件は京都のH弁護士らが担当していたが、大阪の消費者金融事件について、当時大阪で開業していた私に振り当てられた。H弁護士が記者会見して冤罪を主張していたことを懸念した弁護団が

大阪の事件からH弁護士をはずすという思惑からの私への指名であった。捜査段階は流動的であり、マスコミの報道合戦に弁護人が巻き込まれるのは適切でないということからの対応であった。

　この事件は一審の中途で私を含めて私選弁護人が解任され、国選に移行したのであるが、私は被告人を説得し、H弁護士だけは弁護人に残すようにさせた。一人でも心を許す弁護人を残しておいた方がよいと考えたからである。

　3　大々的な報道が展開されている事件の弁護活動でまず問題になるのがマスコミ対応である。私は捜査段階ではマスコミとの接触はしないということを原則としており、本件でも同じ対応をした。しかし警察の駐車場はTV各社、新聞社の車で満杯である。私は早朝、夜遅く、あるいは昼に軽四輪車、黒塗りの大型車、私のパジェロ等を乗りわけて、背広、ジャンパーで変装し、年末、年始の接見を連日こなした。運転を娘、事務員にさせ、正面玄関に車を廻して出入りを発見されないようにしたのである。幸い起訴まで私が警察署内でカメラに露されることはなかった。中途からマスコミが事務所、自宅に殺到したが、私はお前らは御用聞きか、注文はないと怒鳴りつけて撃退した。接見は元旦を含めて毎日したが、事件の重大さに圧倒されたこともあり、事件内容についての詳細な聴取はせず、強引な取調べの有無の存否に集中した。事件自体については報道されている事実がそのとおりか否かの確認ぐらいであった。明確な弁護方針をもって、防禦について助言するということは全く出来ないという状態であった。被疑者本人も事件の重大性に圧倒され放心状態であり、ポツポツと事件を語るという状況であった。また多数の証拠があり、証拠の山の中で弁護人としては身動きがとれない状況でもあった。単身者のため不足していた日用品、下着等の衣類を購入して差入れる、強引な捜査を連日の接見で牽制するというぐらいの捜査弁護活動であった。

　通常であれば黙秘権を行使させ、動機等の供述に頼るしかない事柄について、捜査官と対峙させるのであるが、それも全くできなかった。事件の凄惨さに弁護人まで圧倒されていたのである。特に風呂の中に女児の顔をつけて殺害した後の死体損壊行為の残虐さ、死体を撮影し、これを親にメールするという特異

な行動については、弁護人としてもこれに触れること自体が重苦しく、サラッと流す程度の聴取しかできなかった。

4　公判での弁護方針は更生可能性一本に絞った。その立証のために情状鑑定を柱に据えることとした。被告人には小児性愛的傾向があり、それが小学生誘拐、自宅での入浴、性的行為（それは胸に手をあてるという程度の行為であったが）、これに対する被害者の反抗と、「予想外」の反抗に対する怒りによる、水の中に顔をおし付けるという殺害行為に及んだこと、それは性的欲望というよりは、女児に対する支配感、女児との「親密」な関係の保持という側面が本件を犯した根源的な原因であると判断した。被告人の書証中の小学生時代の詩や作文、各新聞記者等が独自取材で入手し私達に提供してくれた資料でも被告人の生来的な人格が如実に窺われていた。この被告人は生来的に「特殊」な人だったのではない、もともとは人間味豊かな子どもであったのではないか、それが周囲の環境の中で人格が歪んでいき、その中で小児性愛的傾向がつくられていったのではないか、という思いが私の中で形成された。これ以上はないという残虐な行為をしてしまったものの、被告人の中にはまだ温かい人間性が残っているのではないか、これをもって極刑要求と対峙するしかないというのが私達の方針であった。被告人への働きかけの方法として、ジャーナリストであった故黒田清の著書『会えて、よかった』（三五館）を差入れ、感想文の提出を被告人に求めた。

被告人からの反応は1カ月後にあった。『会えて、よかった』は身体的障害、在日韓国朝鮮人、沖縄出身、被差別部落出身等、両親の一方を欠く子どもたちなど困難な社会状況の中で生きている様々な人々の姿を新聞記者らしい、解りやすく、読みやすい表現で綴られた本である。30余りの文章が記載されている。読者はこの文章の中で必ず自分の人生と重なる文章に出会う。同じ境遇の中でけなげに生きている登場人物の生き様に共鳴し、あるいは自分にはできなかった生き様を生きている人々に出会うのである。私はここ15年程この本を使った弁護活動をしてきた。犯罪を犯した青年や少年とその親にこれを読ませ、感想文を書かせ、それを互いに読み合うという方法である。被告人の親たちは、罪

を犯してしまい、絶望し、悲観的に、否定的にしか見えなかった子どもの心の中にまだこんな純真で、人間らしい気持ちがあったのか、前向きに生きたいという気持ちがあったということに気付かされる。被告人、少年たちは憎しみ、嫌悪の対象でしかなかった親たちの心の中に自分に対する深い愛情があったということに気付いていくのである。被告人に更生への意欲、生き直しの意欲を形成させ、それを支えているものが被告人自身の中に存在している人間らしさであることを裁判官に示す。『会えて、よかった』の感想文は如実にそのことを示す証拠となると私は確信していた。

　5　被告人から私に返送されてきた感想文は4つあった。身体障害をもつ少女とその母親の身体障害を奇妙なものとみる子どもたちへの対応を書いた文章、同じく身体障害をもった少女が水泳に挑戦し、それを見守る大人たちについての文章の感想文があった。

　子どもたちに自分が病気で障害者になったことを積極的に語っている少女と、片目がほとんど失明状態という障害から逃げていた被告人自身の姿を対照的に語ったものであった。

　後の二つは被差別部落の若者、在日韓国朝鮮人の若者が周囲の差別と対峙し、生きている姿を書いた文章に対する感想文であった。差別に挫けることなく生きている姿をみて、自分もそのように生きていきたかったという感想文であった。どの感想文も短文であったが、紙面には涙の跡があった。被告人はこの感想文の作成をキッカケに、自分史の一端を記載するようになった。「死別」と題する小学校4年時に弟の出産時に失血死した母の状況を記載した文章、「新家族」と題する母の死と引き換えに命を得た身体、知的障害者の弟についての文章、「イジメ」と題する幼稚園時代から加えられたイジメについての文章、「挫折と親父への怨み」と題する文章、中学、高校時代の「アルバイト」と題する、中学校以来してきた新聞配達の新聞店主家族についての文章、そして「後悔」と題する本件犯行についての思いが記されている文章などである。

　これらの文章は、事件後面会に来てくれた、前刑で入所時に知り合った友人宛への手紙とともに情状鑑定の際の資料とすべく、全て証拠請求した。

6　私たちは更生可能性を中心とする情状一本に争点を絞った。それは犯行状況については多数の物的証拠があり、被告人の取調べについては、弁護人が連日接見をしたこともあって違法、不当な点はなく、計画性等についての被告人自身の供述内容について、微妙な点は勿論存在したが、基本的には異論をあげる点はなかったからである。被害者は一人であり、殺害方法も風呂の湯に女児の顔面を押しつけて窒息死させたということで残虐とまではいえない。しかし、被害者が7歳の女児であり、死後姦淫をしようとしたり、遺体に残虐な損傷を加え、更に遺体を路の側溝に放置した上、遺体の写真を女児の携帯電話から母親の携帯に送信し、「次は妹だ」とのメッセージを妹の写真とともに伝える等の行為をしており、死刑判決も十分に予測される限界事例の事件と位置付けた上で、情状鑑定をするということを弁護側の基本方針としたのである。これは永山則夫事件において、東京高裁が死刑を回避することとなった理由の一つが永山被告人の出生から事件までの生活状況を克明にたどった鑑定書にあったという認識が私にはあったからである。私は修習生の時にこの鑑定書を小野誠之弁護士の事務所で読んだことがあった。この鑑定書は責任能力論としての鑑定であったが、内容は情状鑑定であり、私はそれを読んで感動し、死刑対象事件については被告人の犯行に至るまでの生育歴を詳細に追求した情状鑑定が必要であると当時から考えていたからである。情状鑑定の請求に検察官は猛反対をしたが、裁判官も検察官も情状鑑定を経験したことはなかった。そこで私たちは季刊刑事弁護6号の宮尾耕二弁護士（奈良）の論文、同10号の関口正雄弁護士（札幌）の論文、同30号の守屋克彦元判事の論文等を提供した。さらに永山事件の精神鑑定の内容を福島章博士の「現代の精神鑑定」から提供した。

　本件は小児性愛者による小児性愛的動機による事件であり、被告人は小学生時代の母の死、片目が失明状態で様々なイジメを受けており、父親から厳しい体罰を受け強い憎しみを有していたこと、また死体損壊行為という極限の非人間的行為をし、その写真を母親に送信するなど非常に理解しがたい行為を行っていることなどの特徴があり、臨床心理、精神医学的見地から本件行為の動機

等を鑑定の対象とするべき要素が多分にあった。私は裁判所での議論を積極的にマスコミに広報した。私の家には記者がよく出入りし、飲酒をし、議論をすることはしょっ中のことである。本件についても、特に情状鑑定の必要性について、徹底的に議論をし、資料を提供した。多くの報道機関が情状鑑定を記事にした。裁判員裁判を控えて、死刑対象事件を裁判員が審理する際に、被告人の、事件に至るまでの生活歴を詳細に知り、人格形成上どのような問題があったかを専門家から聞くことは極めて重大であることも主張し、記者達はそのような観点での記事も書いてくれた。

　検察官は迅速な裁判を情状鑑定をすべきでないことの理由の一つとしたが、迅速な裁判は拙速な裁判とは異なることを強調し、情状鑑定をすることは逆に集中審理を可能にすることを強調した。もし情状鑑定をしないというのなら、情状鑑定の資料となるべき検察官提出書証、被告人の学生時代の関係者の供述調書、就職先関係者の供述調書、あるいは被告人の生活状況についての関係者の供述調書は不同意にせざるを得ないとのやや強引な駆け引きもした。このようなやりとりの中で裁判所は情状鑑定を採用した。鑑定人の選任についてもモメにモメた。私たちは、調査官経験者である臨床心理士を共同鑑定人にすることを強く求めたが、結局これはいれられず、裁判所は東京医科歯科大学教授山上皓氏、同小畠秀吾氏に鑑定を命じた。

　7　鑑定作業は2005（平成17）年8月から2006（平成18）年8月までかかった。10月から12月まで被告人は奈良少年刑務所から東京拘置所に移監され、7回の面接、心理検査を受け、都立松沢病院で頭部MRI検査等を受けた。私たちも何回か東京に赴き、接見をした。

　鑑定人は被告人を「反社会性人格障害」があるとしたが、他方でそれは不幸な成育環境に基づく人格発達の未熟さを反映する特徴というべきもので、生来的かつ持続的な性格の偏倚とみなすべきではないとした。弁護人が情状鑑定に求めたのはこの一点である。そういう意味では私たちの目的は達成した。ただ鑑定人は被告人には更生への意欲を欠いていることを前提として矯正プログラムに乗りにくいかの如き証言をした。しかし弁護人の尋問の中で被告人が本件

後、勾留中に自己の心境などを綴った作文や『会えて、よかった』の感想文を読んでいなかったことを認め、被告人の更生可能性自体は否定せずに証言を終えた。山上皓氏は被害者参加制度を強く求める医師として有名であるが、被告人の鑑定についても公正、公平であった。精神科の臨床医でもあり、被告人を患者としてみているという印象を強くした。残念だったのは被告人が『会えて、よかった』の読書をきっかけに、被告人自身を振り返る作文を書くなどの作業を開始し、更生への意欲を形成し、本件への反省への歩みを歩んでいたものの、どうでもよい、死刑になってもかまわないという後ろ向きの姿勢が完全には消えず、山上医師の前でもそのような心情を示し、同医師の目に更生への意欲がないかの如く写ってしまったということであった。

 8 2006 (平成18) 年9月26日奈良地方裁判所は被告人に死刑判決を言い渡した。弁護人は即日控訴すると共に記者会見をし、私たちがつきつけたものに判決は正面から回答しなかったことの不当性を厳しく批判した。私たち弁護人が裁判所に突きつけたのは、被告人をして本件の如き残虐な犯行をするような人格に至らしめたのは、家庭、地域、学校、職場での不当、不条理なイジメ、差別であり、社会も本件犯行について責任の一端があるのではないか、そのことを指摘することがなければ本件は一人のモンスターがなした事件として社会から忘れさられてしまうという指摘である。死刑とするのか無期とするのかの判断の差はそれはそれで仕方がない。私たちはそれについては控訴、上告という形で対応するが、本件の如く、鑑定人によっても反社会性人格障害は被告人の生来のものではなく、社会の中での不幸な成育環境にそのような人格形成上の問題があると指摘されているのに、この点に言及しないことは厳しく弾劾されるべきであることを強調した。私は記者会見以外にもテレビの生番組に出演してこのことを強調した。

 被告人は私たちの必死の説得にもかかわらず控訴を取り下げてしまい、判決は確定した。

 私たちは被告人に対する社会の過酷な差別、イジメを声を大にして叫べ、社会に対する怒りをぶっつけるべきである、言いたいことを言えと叫んだが、被

告人はどうでもよいという心境、あるいは死んでお詫びをするという心境に逃げ込んでしまったのである。その後、被告人は大阪の多数の死刑事件に取り組んでいる大阪のN弁護人に再審請求等を依頼し、再審申立をした。私は一審判決確定後は被告人に面会を1回のみし、その後はわずかな金額の差入れと私が読んだ時代小説を時々差し入れている。先日は大阪拘置所には綿の座布団の差入れが許される、寒いということの便りがあり、座布団1枚を差し入れた。

　光市事件では弁護人に対する激しいバッシングがあった。私は本件についてしばしばマスコミに露出した。各公判において記者会見し、モーニングショー的テレビ番組にも登場し、生番組にも出たが、私に対する電話、手紙によるバッシングは皆無であり、逆にテレビを見た視聴者から共感したとの手紙が何通かきた。

　裁判員裁判を間近に控えて、私は本件の弁護方針は誤っていなかったと考えている。

（初出：京都弁護士会刑事弁護委員会『刑事弁護ニュース』50・51合併号〔2009年〕2頁〜5頁）

●第３部　更生に資する弁護（髙野嘉雄論文集）

更生に資する刑事弁護
生き直しの場としての裁判

はじめに

　こんにちは。今日は、法曹を目指す学生と、学部やロースクールで学んでいる皆さんを主眼点において話をします。
　皆さんは、自分らしく生きてください。司法試験に合格し、弁護士になり、裁判官になり、検察官になりますが、特に弁護士になる人たちは、さまざまな生き方の中で、自分らしさを実現してほしいのです。弁護士の仕事は、それが可能な仕事です。
　日々扱う離婚などの家事事件では、子どもをどのように育てていったらいいか。企業間のトラブルについては、どういう視点から解決したらいいか。事件・犯罪とかかわる刑事弁護をしたときには、自分は、どのようなかたちで、この事件を担当したらいいか。
　この中で常に問われているのは、皆さんの生き方です。それぞれの事件の処理の中では、社会をどう考えるのか、家族をどう考えるのか、夫婦をどう考えるのか、企業同士の取引の在り方はどうあるべきかという、皆さん自身が持っている基本的な価値観が問われていきます。弁護士が関与することで、一定の結果が出ます。その結果に対する社会的な評価の尺度も、かかわる皆さんが持っている社会観・世界観・企業観・家族観です。私は、そのことを常に念頭

に置いて、皆さんに話をしているつもりです。

　つらい、しんどい思いをして司法試験に挑戦するわけですから、当然、お金をどんどんもうけてください。お金をもうけることにちゅうちょする必要はありません。ただ、それが自分らしさの発露かどうかを振り返ってみてください。そして、年に1件でもいいから、ぜひ少年事件や刑事事件をやってみてください。

　犯罪や非行は、極めて困難な社会状況の中で生じる社会の病理現象だというのが私の認識です。それに付添人や弁護人としてかかわった私たちが、自分が持っている人間観を具体的な事件の中で表現していくというか、働き掛けていく中で、子どもや犯罪者は劇的に変わっていきます。今まで不幸のどん底に落とされていて、非行・犯罪にぶち当たった人たちが、弁護士のかかわり方の有り様だけで人生が変わっていきます。この表題で言えば、まさに「生き直しの場」にすることができます。私は、そういうことを皆さんに伝えたいのです。

　最初に断っておきますが、私は大阪で弁護士を20年間やっていました。大阪での20年間は、社会運動、労働運動、学生運動、被差別部落、在日朝鮮人、沖縄の事件を中心にやってきました。また、甲山事件を含む冤罪事件も扱いました。社会的に見たら、それなりに一定の意味のある事件をやったと思います。法廷の中で国家権力と闘うということで、検察官を相手に、場合によっては裁判所を相手に無実を主張するとか、社会的な矛盾・差別等の問題点について激しく追及するという法廷を20年間やってきましたが、何となく自分らしくないという違和感がありました。それで、いろいろな契機もあり、奈良県に登録替えをしました。

　奈良に来て何をしたかったかというと、国選の普通の刑事事件と少年の事件です。大阪でやっていた20年間は、そういう事件をほとんどやっていません。ですから、普通の弁護士として、自分の有り様を仕事の中で実現したいという認識で、奈良で田舎弁護士として15年間やってきました。そういう状況の中で、私が体験したさまざまな事件について話します。

1　更生に資する刑事弁護（私の視点）

　まず、レジュメの中に「犯罪は社会の矛盾による病理現象である」と書いてあります。その社会には、夫婦仲が悪いとか、離婚したといった家庭内の葛藤や矛盾、勉強ができないことで学校から排除されたり、いじめられること、職場・地域の中で排除されることなどが含まれます。このようなさまざまな問題や矛盾の発露が犯罪であるというのが私の基本的な認識です。

　私は、なぜそのような感覚を持つようになったのか。私は、学生あるいは修習生の頃に、新聞報道等で衝撃的な事件をいくつか知りました。その一つが、有名な永山則夫事件です。これは、19歳の男が拳銃で何人も殺した事件ですが、一審は死刑判決を出し、高裁で無期懲役になり、最高裁では原判決を破棄し、再度戻って死刑判決になった有名な事件です。

　私は、その事件を担当していた京都の先生と修習生のときに知り合い、あの事件の鑑定書を見ました。それは責任能力に関する鑑定でしたが、今で言えば情状鑑定です。要するに、生まれてからこの事件を起こすまでの被告人の生活歴や家族歴等を子細に調査した事件です。

　極限的な貧困や家庭破壊の中で、1人の青年が転々として生活していく中でたどり着いた犯罪です。この永山という1人の青年に、すべての責任を負わせることができるのかということを感じさせる事件でした。私は、報道等を通じ、この事件に巡り合いました。

　もう一つは、有名な金嬉老（キム・ヒロ）事件です。在日朝鮮人の元暴力団の男が、自分を差別した人をライフルで射殺し、静岡県の寸又峡という温泉場で、客を人質にして立て籠もりました。

　しかし、人質になった人たちは、金嬉老について、「語られているような凶悪犯ではなく、それなりに人情味あふれる人だった」と語っています。この人も、在日朝鮮人に対する厳しい差別の状況の中で転々としてきました。そして、最後はライフルで人を殺し、人質を取って、なぜ自分がこの事件を起こしたのかを社会に訴えました。私は、この事件も知ることができました。

もう一つは、東京都立小松川高等学校で女子高校生が惨殺された事件です。その被告人は、在日朝鮮人の青年で、最終的には死刑になりましたが、その人と在日の作家の朴寿南（パク・ジュナン）のやり取りを記載した本が出ました。それを読んで、私は、日本社会という差別社会が、在日朝鮮人を犯罪者に追い詰めていくように感じました。

　私は、そういう原体験を持っているが故に、法廷では、そういう差別について常に戦闘的に語ってきました。ただ、それでどうなのかというのが、もう一つの疑問でした。

　では、その疑問をどういうときに突き付けられたのか。私は、それなりに社会的な問題がある刑事事件や民事事件を闘ってきたし、冤罪事件も闘ってきました。奈良県に移った当時、弁護士会では裁判傍聴運動をしていて、中学生、高校生、あるいは一般の人たちが傍聴に来ていました。そのときに、「先生たちは、なぜあの犯罪者の刑事弁護をするんですか」と問われます。

　多くの弁護士たちは、「被告人は無罪の推定がある。まだ有罪とは決まっていない。本当に有罪かどうかを見極めるために裁判がある。それに立ち会って冤罪を晴らしたり、冤罪を防止するのが弁護人の仕事だ」と答えます。あるいは、ちょっと視点を変えて、「憲法で保障された適正手続きが、現実の法廷の中で守られているかどうかを監視するのが弁護士の役目だ」と答える人もいます。また、これは答えになっているとは思いませんが、極めてドライなかたちで、「憲法が被告人に対して弁護人選任権を与えている以上、弁護士としては弁護する義務がある」という答えも出てきます。皆さん、それに納得できるでしょうか。

　私は、「私たちが毎日扱っている事件は、冤罪事件ではありませんよ」と、いつも言っています。私は弁護士を35年間やっていますが、私が巡り合った冤罪事件は、15件に達するか達しないかです。圧倒的に多数の事件は、有罪で、しかも自白しています。別に無理な取調べもなされていません。私やほかの弁護士は、そういう事件を毎日の職務としてやっています。

　それなのに、一般の人からは、「なぜ弁護士は被告人の弁護をするんですか。金もうけのためですか」と聞かれます。刑事事件をやっても、金もうけになる

わけがありません。私は、多少大きな刑事事件をやっているつもりですが、圧倒的多数は国選事件です。これは、一生懸命やっても10万円に届きません。お金がもうかるような刑事事件は、ゼロではありませんが、例外中の例外です。

余談ですが、最近の日本の弁護士は、無精ひげを生やし、みっともない、汚らしい格好をしている人が多いです。私は、東京のS弁護士のような若手で非常に有能な活動的な弁護士の人たちに、「とにかく、汚い格好をするのはやめてくれ。刑事弁護をやったら貧しくなるなんていう思いを払拭してくれ。特に、これから弁護士になろうとして司法試験を目指している学生の前では、少なくとも貧乏ではないように見せてほしい」と、いつも言っています。

「なぜ悪い人の弁護をするんですか」と言われたときに、自信を持って答えられる言葉が必要だと私は考えています。私自身は、そういう質問を受けたときには、「私の依頼者は、この被告人じゃありません。この被告人に二度と罪を犯してほしくないと願っている、被告人のお父さん、お母さん、妻、亭主、子どもたちが私の依頼者だと思っています。私は、そういう思いを受けて、刑事弁護をしています」と言います。

さらに一言付け加えると、「法廷に立たされて、犯罪者となった自分を肯定している被告人はいません。失敗した結果として、今、ここにいるという自覚を持っています。できるならば犯罪なんかしないで、心豊かに平和に暮らせることをみんな望んでいます。私は、そういう思いを持って、刑事弁護をしています」と言っています。これが、更生に資する刑事弁護という私の考えを支えている思いです。表現を変えて言えば、生き直しを図る場としての裁判という視点で私は考えています。

「更生に資する刑事弁護」という言葉ですが、実は、高校受験のときの国語の試験で、当時、漢字だったら絶対的な自信があった私が、「資する」という漢字を書けませんでした。「更生のための」という言葉は、今までもありましたが、「資する」という言葉を付けたのは、実は私です。高校時代の悔しい思いが、一つの標語として反映されています。

そう考えたときに、この表題にあるように、裁判とは生き直しのための場、更生するための場、しかも第一歩の場であるという考えが出てきます。そして、

その延長線の問題として、「更生をしてもらうためには何をしなければいけないのか」という事柄にも発展します。

また、判決が終わった段階で、その次の場として少年院に行く、刑務所に行く、あるいは執行猶予で社会内処遇を受けますが、それで終わりですか。更生に資する刑事弁護という考えを持っている私にとっては、それは第一歩であっても終わりではありません。常に、その次のことを考えながら動いていかなければいけないと私は思っています。

2　社会、裁判所に対するアピールと被告人へのアピール

あまり抽象論を言っても仕方がないので、いくつかの実例を話します。

私は、「犯罪は社会矛盾の結果である。社会の病理現象である」という立場に立っています。では、私は弁護士として何をするのか。

私は、いつも修習生に、「あなたは、弁護士になったときに、在日朝鮮人として生まれたとか、極貧の家庭で育ったとか、部落の中で生まれたという環境についての問題をどういう視点で採り上げますか」という問いを提起します。

愕然とするのは、最近は、「そういう劣悪な世界で生きていたことを指摘するのはマイナスになるから、そういうことは一切採り上げるべきではない」と主張する修習生が結構いることです。

私自身は、今のような社会の有り様の中で、そういう感覚が生じてきたのだろうと思いますが、苦しい状況も、やはり社会に還元されます。日本の在り方が、在日朝鮮人、沖縄出身者、部落の人たちに対する差別観念を作っています。人間は、そういう差別観念の状況の中で、往々にして犯罪等に染まっていきます。それは厳然とした現実です。この点については、きちんとした位置付けをしたいというのが私の思いです。

その次に多いのは、先ほど、私が言ったのと同じように、「犯罪は社会の病理現象である。差別、家庭内での破壊、地域内での冷遇が犯罪を生む。それは社会の責任だから、被告人1人の責任に帰するわけにはいかない」という指摘です。これは比較的標準的な修習生の解答です。実務家であれば、この解答に

合格点はあげませんが、大学の学生、ローの学生であれば、この解答で結構です。

現実の被告人を前にしたときに、そういう指摘をすることは、裁判所との兼ね合いでは、確かに効果があります。「この被告人に責任のすべてを還元するのは違うだろう。この事件は社会が起こしたのであって、彼には責任を問えない要素がある。そういう事件と、そういう要素がない事件の量刑が同じなのはおかしいじゃないか」と言うのは一定の意味があります。しかし、現実に私の前にいるのは被告人です。

では、被差別部落の中で育った被告人自身は、部落についてどう思っているのか。在日朝鮮人や沖縄出身者の問題についても同じです。すべてとは言いませんが、圧倒的多数の人は、社会の差別観念で差別されている自分でありながら、現実的には、同じように否定的な価値観を持っています。

周りにいる在日の人たちや、父親・母親の生活を見ています。貧しいです。貧しければ、激しい労働のあとに酒を飲みます。酒を飲めば、女房を怒ります。そういうとげとげしい家族には、やはり否定的な感覚を持っています。

これは、被差別部落についても同じです。被差別部落の人たちが部落についてどういう感覚を持っているかというと、社会の差別意識と同じような差別意識を持っています。「部落は汚い。部落の中には犯罪に走る人が多い」という感情や感覚を被告人自身が持っています。

そういう被告人を前にして、差別を徹底的に批判し、「この人にすべての責任を帰することはできない」と言っても、被告人に対する感銘力がありません。被告人自身が持っている、そういう否定的な感覚が、犯罪に走らせる一つの要素となっているというのが私の実感です。

私は弁護士になってから、沖縄の人たちの事件、被差別部落の人たちの事件、在日の人たちの事件を多数扱っていますし、そういう団体との交流も非常に多く持っていたので、その中で一生懸命生きている人たちを知っています。

普通の事件であれば、被告人の父親や母親とは深い話をいろいろします。飲んだくれで、乱暴で、がさつな、どうしようもない親だと被告人は思っていますが、違います。「自分は、劣悪な環境の中で差別されて生きているけれども、

この子にだけは違った未来のある生活を与えたい」と思いながら子どもたちを育てています。私は、そういう父親や母親に情状証人として法廷に出てもらい、質問をします。

　検察官や裁判官は、すぐに「わかりました。もう結構です」と言いますが、私が父親や母親に法廷に立って証言してもらっているのは、裁判所にあれこれ言うためではありません。被告人に伝えたいからです。被告人に、「君を育てた父親や母親の気持ちがわかるか。それを聞いて、君は何と言うんだ」というつもりで、最低30分はやります。そのあとに、「今のお父さんやお母さんの気持ちを聞いていてどうだったか」と被告人質問をします。そうすると、「そういうお父さんやお母さんの話を初めて聞いた」と言う被告人が圧倒的に多いです。

　そういう状況の中で、被告人は、過酷な環境の中で一生懸命生きていこうとする親や、同じような境遇の出身者の状況を知ることができます。そして、否定的な価値感情を克服できます。

　ですから、社会的矛盾があったとしても、実務家である以上は、裁判所に対して批判し、検察官に対して批判し、プラス被告人に対しては、自分の状況についての捉え直しを迫る視点を持ってもらうように対応しなければいけないと私は考えています。

3　反省とは何か、反省させることの意味

　その次に、反省という問題です。被告人は、なぜ反省しなければいけないのでしょう。弁護人は、なぜ法廷の中で反省状況を語らせるのでしょう。どんな弁護士でも、これを当たり前のこととしてやっています。寛大な判決が欲しいから反省させるというのが弁護士の本音です。弁護人がこういう本音を持っている限り、被告人は絶対に反省しません。

　被告人は、誰でも軽い量刑になりたいし、執行猶予になりたいので、謝って、反省して、「後悔しています」と言います。しかし、壇上の裁判官は、それを毎日見ています。裁判所や社会が期待している反省は、そういうものではあり

ません。いろいろな事件の中で、被告人の反省状況を聞き、被害者、あるいは被害者の親族や遺族が、「許してあげよう」という気持ちに変わるときの反省とは、そういうものではないはずです。弁護人は、この点をもっと明確に位置付けなければいけません。

なぜ被告人は反省しなければいけないかという点について、私は、二つの要素があると思っています。

一つは、被告人自身が生き直すためには、起こしてしまった事件について反省してもらわなければ困ります。被害者、被害者の家族、被害者の関係者にどれだけの苦痛を与えたのかを身をもって感じてもらわなければいけません。

もう一つは、犯罪自体への反省ではなく、犯罪に至るまでの自分を一からもう一度問い直すということです。そういう状況の中で、なぜ自分がこのようになってしまったかをある程度客観的に捉えてほしいです。これが弁護人が被告人に対して反省を求める二つの理由だと私は思っています。

実は、私は、奈良県で起こった小学生誘拐殺人事件、いわゆる小林薫という人の事件を担当しました。この事件を私が担当した視点も、基本的には更生に資する刑事弁護という視点です。生き直しです。死刑判決でも生き直しがあるのか。私はあると思います。

私は、かなり強固な死刑廃止論者ですが、極めて日本人的な感覚を持っています。悔い改めて、命をもって償うしかないという気持ちが私の本音です。私のこの本音は、日本の社会や裁判所が被告人に基本的に要求していることです。

ただ、小林薫については、私は情状鑑定という方法を取りました。彼が生まれてから事件を起こすまでの生き方、家庭環境、学校での状況などをずっと調べ、なぜ彼がそうなったかについて、精神科医が細かな判断というか、評価をする手法を採りました。

そういう手法を採って、私は何を言いたかったのか。なぜ情状鑑定をしたのか。彼があの事件を起こしたのは、現象的には彼の反社会的な人格障がいによるものですが、私は、それは彼の生まれながらの気質によるものではないということを言いたかったのです。鑑定では、「そういう人格を作ってしまったのは、生まれたあとの彼を取り巻く家庭・学校・職場・地域である。それらが彼に対

して差別的な対応をしてしまったために、社会に対する憎しみ、人間に対する憎しみが形成された。これは後天的な要素が多い」という結論が出ました。

これを裁判所でアピールしました。裁判所に対するアピールは、即社会に対するアピールです。私がアピールしたかったことは、「この犯罪を作ったのは、被告人個人の問題ではない。被告人を取り巻く社会が、こういう事件を作ったんだ。そういう要素があるんだ」ということです。

そのときの前提としては、正直言って、開き直ってもらっては困ります。被告人が心底から悔いて、命をもって償いたいという気持ちがあって、初めて私が指摘するような社会の矛盾が社会的にアピールし、かつ、それが裁判所へのアピールになり、死刑ではなく無期という結論に至ります。その双方の側面がなかったら、具体的な刑事弁護はできません。

そういう視点で、私は、小林薫の事件のときに情状鑑定をし、先ほど言ったような反省を求めました。そういう経過があります。

4　被告人が納得できる弁護活動、裁判を

次に、被告人が納得できる刑事弁護活動とは何かということです。その例を一つ挙げます。今から13年前に、奈良地方裁判所で1人の被告人に対する判決がなされました。被告人は、沖縄出身の日本人女性と黒人米兵との混血の子どもで、中学校時代からずっと少年刑務所との往復でした。その中で、15年ぐらい前に強盗傷人・強姦傷人という事件を起こしました。

これは、私が扱った事件ではなく、奈良県の私の後輩の宮尾耕二弁護士が扱った事件です（詳しくは、季刊刑事弁護6号〔1996年〕116頁以下）。「どういう弁護方針を立てたらいいかわからない。どうしたらいいだろう」と相談されたので、「情状鑑定をしてみないか」と言いました。

情状鑑定は、多くの場合、裁判所の元調査官が行いますが、その人の生活歴をすべて追ってくれます。それはすごいものです。家族、家族を取り巻く地域の人たち、学校の先生などに聞き取りをしてくれます。そういう状況の中で情状鑑定をします。

その作業の重要な一環として、家裁の調査官は被告人に事情聴取をします。その中で、被告人は初めて自分を語ることができました。今までいろいろな事件の裁判がありましたが、自分が言いたいことを語ったことは1回もありませんでした。彼は語りたかったのです。父親である黒人米兵はアメリカに帰り、母親や祖母は、彼を目の前にして、「こんな子は要らない。どうしようもない」と言いました。彼は、そういう言葉を聞きながら、過酷な子ども時代を過ごしました。そして、就職するたびに、さまざまな人間的なトラブルを起こし、あっちへ行き、こっちへ行きした結論が犯罪です。
　その情状鑑定のときに、鑑定人が被告人の話をじっくり聞いてくれたので、被告人は、「私の言いたいことを初めて時間をかけて聞いてくれた」と満足します。
　この被告人は、まじめなときは非常にまじめです。しかし、突然、強盗傷人や強姦をします。鑑定人は、次のように被告人を分析しています。「普段、被告人は、一生懸命『善良な自分』というイメージに従って行動しようとしている。うまくいく間はいいけれども、それが挫折したときに、彼の心の中にある否定的な『悪しき自分』のイメージが出てくる」。これは、祖母や母親が、「こんな子は要らない」と言った言葉が前提になっています。
　さらに、「この被告人の場合は、寛容で許容性に満ちた生活領域をそれまで一度も持ったことがなかった」。許してくれるような周囲ではなく、激しく非難されました。おそらく、しょっちゅう差別的な言葉が出ていたでしょう。「黒んぼ」とか、「だから、あかんのや」と言われ、否定的な、徹底して厳格な社会の中で育ってきました。
　そして、被告人の行動を、「程々に善良で程々に悪いという普通の生き方ができなかった」と規定しています。私は、このことがすごく意味深いと思います。
　被告人は、自分の中にあった否定的なイメージを全部語りました。語ることによって負担が半分ぐらい減ります。弁護人は、その否定的なイメージをさらに砕いていきます。そういう状況の中で、被告人は納得しました。求刑15年で13年の判決なので、私にしたら重い判決です。しかし、被告人は控訴せずに服

役しました。

　今年（2007）、彼は13年の満期を迎えました。彼は、今までの服役では成績のよくない受刑者でしたが、今回の服役では完璧な模範囚です。模範囚の胸にはバッジが付いていますが、彼の胸には、いくつもバッジが付いています。しかし、性犯罪の被告人だったので、仮出獄ができませんでした。その事件を担当した弁護士と、私と、いろいろな事件について一緒に活動してくれる私の元従業員の3人で、徳島刑務所に迎えに行きました。

　私たちは、このあと、彼がどのように生活するかをそれなりに考えました。まず、徳島の更生保護団体の世話になろうということで、そこにお願いし、かつ、奈良の修習生で徳島に登録替えをした弁護士に、あとのフォロー態勢を作ることをお願いしました。そして、彼の出獄を迎えました。

　実は、これは季刊刑事弁護55号（2008年）104頁に宮尾耕二弁護士が書いていますが、私たちは、なぜこういうことをして、かつ、これをアピールしなければいけないと思ったのか。私が一番言いたいことは、13年前に刑事弁護をやった弁護士が、13年間の服役をしたあとの受け皿まで作るという弁護活動が、今まで日本にあっただろうかということです。

　今、重刑化が叫ばれています。そして、更生保護について一定の改革が出ています。では、日弁連は、重刑化についてどれだけ有効な反撃ができたか。できていません。日弁連は、更生保護の改善についてどれだけ貢献できたか。学者的な立場で、言葉のうえではできたと思います。

　日弁連のすべての弁護士とは言いません。一握りでもいいから、10年目、20年目の被告人を迎えるような弁護士、あるいはそういうネットワークを作り、彼らを社会に帰さなければいけません。弁護士がそういう活動をして、初めて刑事弁護が総体として受け止められます。「判決で終わり。軽くすればいい」ということでは、いくら言っても社会に対する説得力を持ちません。

　そう思いながら、先ほど言った事件について、13年後をずっと待っていました。担当した弁護士は、刑務所の被告人とずっとやり取りをしていました。彼は、さまざまな経過で沖縄へ帰りますが、沖縄でもネットワークを作りました。彼が脳梗塞を患ったので、いろいろなルートを使って沖縄で生活保護を受給す

るようになり、ようやく生活が安定しました。

　彼は、刑事裁判を通じ、自分のすべてを吐き出しました。そして、納得できる判決を得ました。かつ、彼に足りなかった寛容な社会や寛容な周囲の人々を刑事裁判や服役状況の中で作り上げることができました。このようして、彼は、犯罪を起こす懸念が全くない状況に初めて立ち至ったと私は思います。

5　刑を軽くすることだけでよいのか

　3つ目の実践例は、クレプトマニア（窃盗癖）です。たまらなく万引きがしたくなる一群の人たちを「クレプトマニア」と言います。これは一種の病気です。こういうケースは割合多くありますが、比較的若い女性に多いです。
　これは私が執行猶予判決をもらった事件です。その人は33歳で、3歳の子どもが1人いますが、20歳ぐらいから何回も万引きをしていました。何回目かの万引きで、最初の起訴を受けましたが、1度目ですから、判決は、当然執行猶予が付きました。
　しかし、執行猶予期間中に、また逮捕されました。2度目の逮捕です。クレプトマニアの場合は、2度目で実刑ということはほとんどありません。2度目の裁判は、若い弁護士が受け持ちました。この被告人がクレプトマニアだということは明らかなので、被告人の父親は、被告人を群馬県にある有名な専門病院に入院させました。その状態で第2回目の判決を受けています。これも執行猶予が付きました。そこまでは大概執行猶予が付きます。
　問題は次です。執行猶予判決の1週間後に、またやりました。弁護士の経験では、100人が100人、「これは絶対実刑だ」と言います。前の言い渡しの確定前だから、次の事件は併合罪になります。ほとんどの弁護士は、100％だめだと思うでしょう。
　しかし、私は絶対に自信がありました。なぜか。私は、刑を軽くするために絶対に刑事弁護をしません。この人をクレプトマニアの道から脱却させることが私の任務だと思っています。その結果として判決が出ます。クレプトマニアを改善することができたら、間違いなく執行猶予になるという自信がありまし

た。

　何をやったか。窃盗の自白事件で、裁判を1年間やりました。私のめどとしては、1年間入院させて、その1年の間に劇的に症状を変えてやろうと思いました。1年あればできます。

　その人は、まず、摂食障がいがあり、過食をして吐きました。また、アルコール中毒と鬱病もありました。事件を起こしたときの体重は36キロです。私は、3回目の事件のときに保釈し、病院に送りました。しかし、1日目にワインを持ち込んで飲み、さらに同室者のロレックス（ROLEX）の時計を盗んだので、その病院から強制退院させられました。そして、本式の精神病院に入れられました。

　そこで、私は、私宛の手紙を毎日書くことを彼女に義務として課しました。

　もう一つは、『会えて、よかった』（黒田清著・三五館）という本があります。私は、いろいろな事件で、この本を使います。著者の黒田清は、大阪の読売新聞の社会部長をやった人です。亡くなりましたが、いろいろなテレビに出ていた有名な社会派の新聞記者です。この本の中で、彼は、さまざまな生活状況の中で生きていく人たちの話を25話、書いています。すべての話が感動的です。彼女に課したのは、この文章一つずつについて感想文を必ず書くという課題です。

　これを3カ月ぐらい続けていく中でも、彼女は病院の中で違反行為をします。病院の中では、相互に食事を与え合ってはいけないという規則がありますが、その規則をしょっちゅう破って反省文を書きます。

　そういう状況の中で、クレプトマニア同士のミーティングには、ずっと参加しますが、ぴんと来ません。3カ月目ぐらいからは、これが自分の治療に役立っているかどうかがわからないという時期になります。そうなると、手紙もだんだん書かなくなってきます。

　ところが、私が、「3日に1回でいいから、とにかく感想文を書け」と言ったら、面白いことに、自分の内面のどろどろしたものをどんどん書いてきます。また、父親や母親の悪口や、病院に対する不平・不満など、いろいろなことを書いてきます。

私には、彼女の過食の根底には親子関係のねじれがあるという認識がありました。それはどういうことかというと、反抗期を経験していないからです。病的なケースを見ると、大半の人はそうです。親子の間で、当たり前のことで親子げんかをして反抗していれば、人間は、ねじれません。ところが、反抗期を経験していないから、自分を偽り、いい子を捻出します。私の感覚では、鬱的傾向とか、さまざまな病的な要素の根底には、ほとんどそれがあります。彼女の手紙の中には、父親や母親に対する否定的な評価が出るようになってきました。もちろん、肯定的な評価も出ます。

　そのようにして半年ぐらいたったときに、私が何を言ったかというと、万引きをしないための工夫です。「万引きするなよ」と口で言ってもしょうがありません。万引きをするからクレプトマニアなのです。ですから、いつも透明なバッグにしろとか、隠せるような服を着てはいけないといった工夫について話しました。また、私は、ある統合失調症のグループが作っている犬の革製品をお守りにしていましたが、それを彼女にプレゼントしました。もう一つは、買い物に行く前に、私に必ず電話させました。そういう注意をして、やり始めました。

　病院内では、そのあとも万引きをしました。病院の近くのコンビニでも、また万引きをしました。幸い、病院外での万引きは、病院に戻ったときの所持品検査で発覚し、謝りに行ったので、事件にはなりませんでした。

　そういう失敗を重ねながら、何回目かの公判が来ました。公判は2、3カ月に1度行いましたが、その都度、私と、「次は、こうやろう」とか、いろいろな議論をしました。

　その段階で、私がもう大丈夫だと思って、最後に確認し合った点は、「病院の規則を守ることは、クレプトマニアのあなたにとっては、一つの治療方法です」ということです。要するに、規範意識を持つことは、規範としての必要性を認識することではありません。とにかく、やらなければいけないと慣習付けることが第一です。ですから、それを実行させて守らせるために、「病院での規則は絶対に守ってください。薬についても同じです。薬は、症状に合わせた器質的なホルモンの問題との兼ね合いで投薬するから、絶対に服用してくださ

い。もう一つは、失敗したことを絶対に隠さないでください」という確認をしました。そして、最後の入院生活に入り、2カ月がたちましたが、今まで常にあった規則破りがなくなりました。

　私が一番感動したのは、彼女が院内で拾った2,000円を病院に届けたことです。10円を拾って警察に届けるような、子どもっぽい規範意識がありますが、それと同じような感じの規範意識が彼女の中にできました。

　公判ごとに先生が意見書を書いてくれますが、最後の意見書の中で、先生は、「再犯の可能性は非常に低い」と書いてくれました。それまでは、「予後は悪くない」とか、「予後は順調である」とは書いてくれましたが、再犯に関する言及は全くしませんでした。なぜなら、先生も自信がないからです。しかし、その2,000円事件が一つのきっかけになり、先生は、そのように書いてくれました。1年もかかって判決が出て、執行猶予が付きました。

　なぜ執行猶予が付いたのか。量刑を軽くしようという思いで弁護にあたったら、弁護士は、病状改善のためのいい結果に何も寄与できません。しかし、クレプトマニアを治すために、弁護士として何かすることはないかということであれば、親子関係のねじれが、その人の人格形成や規範意識に大きな影響を与えていることはわかっているので、はっきり言って、精神科の先生よりも、カウンセラーよりも、実践の経験を積んだ弁護士の具体的なアドバイスのほうが、はるかに有効です。ですから、病院と連動するかたちで役に立つことは、いくらでもあります。このような経験をしました。

6　心の病に弁護人はどうかかわるか

　もう一つは、クレプトマニアの患者と同じように、精神的に問題があるケースです。私が5年前に扱った事件です。

　ある20歳の青年がいました。彼は、高校一年生から登校拒否になり、父親や妹に包丁を突き付けるようなことが日常茶飯事でした。さらに、妹の部屋に花火を投げ入れたりしました。母親には、胸倉をつかんだりはしますが、刃物は向けませんでした。

その青年は、いろいろな病院へ行きましたが、確定的な診断を受けないままに、抗鬱剤など、いろいろな薬を飲んでいました。抗鬱剤の中には、死にたいという希死観念を強める副作用がある薬があります。そういうこともあり、その青年は自殺を決意します。
　ハワイで拳銃を撃ったことがあったので、拳銃自殺をすることにした青年は、拳銃を入手するために、くり小刀を持って警察の駐在所に行き、そこで拳銃を奪取しようとします。犯行全体は、計画性があるとは全く言えず、非常に幼稚な犯罪形態です。応対に出た女性警察官に切り付けたので、罪名は強盗致傷です。
　その青年は、最初は会話が全くできませんでした。これは、もともと私が扱っていた事件ではなく、大阪のある弁護士が扱っていましたが、話が全く交わせないので、私に回ってきました。私とも会話は全然できませんでした。
　「ノートが欲しい」と言うので、家族がノートを入れて書いていましたが、書いていることが全然わかりません。支離滅裂です。要するに、幻聴・幻覚の世界の中での出来事が書いてあるので、全然わかりません。
　当然、精神鑑定をしており、統合失調症の前駆症状ということで、心神耗弱の鑑定が出ていましたが、それだけに頼るわけにはいきません。私は何をしたか。彼は、宇宙や死については、ある程度、話ができます。私は、そのときに漫画を差し入れました。一つは、手塚治虫の『火の鳥』です。あれは輪廻の世界を描いた漫画です。もう一つは、やはり手塚治虫の『ブッダ』です。
　彼の症状は、一定の期間の中で治まってきました。そういう状況の中で、ある程度普通の会話ができるようになったときに、私が次にしたのがロールプレーです。父親の立場、母親の立場、被害者の立場、被害者のご主人の立場に立って、私宛の手紙を書かせました。
　結果はどうなったか。父親や母親は、「この子の泣いた顔を今まで見たことがない」と言っていましたが、1年後の最後の被告人質問で、被告人は、父親のことを語って泣き、母親のことを語って泣き、妹のことを語って泣き、被害者のことを語って泣きました。感動することができなかった青年は、1年後、そういう状況の中で自分を取り戻していきます。そのときに、一つの大きな役

更生に資する刑事弁護――生き直しの場としての裁判　　213

割を果たしたのがロールプレーの手紙です。被害者の気持ちになって手紙を書かせることは、刑務所でよく行う手法です。

　その求刑は、最初は懲役7年でしたが、示談ができて6年になり、当然、執行猶予が付きました。保護観察です。ずっと病院に行かせていて、今でも行っています。

　私の役目は、判決で終わったと思っています。しかし、私は、彼が統合失調症をある程度緩解する状況になり、働けるようになるまでは、当然、私が対応しなければいけないと考えています。

　報酬は100万円でした。高いか安いかはわかりませんが、私は、たくさんもらったと思っています。父親は、大きな証券会社の偉い人ですが、50万円は先払いで、あとの50万円は分割払いです。その青年は、それまでは少しも働くことができませんでしたが、「自分で稼いだお金で、私に50万円を返しなさい」と言ったら、思い出したように返しに来ます。そのたびに、その青年と家族に私が加わり、お酒を飲みます。このように、そのあともずっとお付き合いをしています。

　いろいろな事柄を伝えますが、家族では解消できない問題については、家族ではなく、かつ、被告人をそれなりに理解できる人が家族の話し合いに加わることで、そういう病気を抱えた家族に明るい気持ちを与えることができます。今は、それを実感しています。

　次も同じような話です。精神的な疾患が前提になり、罪を犯す少年は、結構います。野口善國先生が扱った神戸の少年Aの事件の少しあとに、私は、類似した事件を扱いました。

　彼は、滋賀県の進学高校の3年生ですが、不安神経症で、いわゆる赤面恐怖症を伴い、制服を着ないと学校へ行けません。大学を受験しても、大学へ入ると制服がありません。ですから、とても大学には行けないということで、自殺も企てますが、死ぬ前に女性と性的な経験をしたいと考えます。そして、カッターナイフを使い、小学校5、6年生ぐらいの女の子に強制わいせつを十何件しました。これも同じように、家庭の中では親子の会話がほとんどできませんでした。

どういうわけか知りませんが、この事件では、警察は逮捕をせず、彼をすぐに鑑別所に入れました。そういう極めて例外的な事件でしたが、これも私は彼と全く話ができませんでした。内気でどうしようもありませんでした。

私がやったことは何か。彼は、「生きているものに興味を持てない」と言うのです。何か興味を持てるものがないかと、家族といろいろな話をしました。本当に当てずっぽうですが、私は、アルプスの氷河とか、山の写真を差し入れました。次は、植物の写真を差し入れました。そのうちに、何だか知りませんが、向こうから手紙が来るようになりました。彼も、家では泣けない子でしたが、家族との会話が復活し、審判廷では泣きながら自分を語り、事件を語りました。

処遇については、さまざまな意見がありましたが、病気である以上、やはり病気の治療を優先的にすべきだと主張しました。そして、彼は病院に入院しました。調査官の意見と私の意見で若干の対立がありましたが、病的な傾向性がある刑事事件についても、さまざまなアプローチをしながら対応できるということです。

7　知的障がい者の常習窃盗と「更生」(「失敗」したケース)

しかし、そんなにうまくいかない事件も厳然としてあります。これが今の刑事司法の問題だと思っていますが、精神遅滞者の再犯です。無銭飲食、車上荒らし、無免許運転。全員が知的レベルは低く、小学校レベルです。そういう人たちが再犯しないように、できることは全部しました。

その知的障がいの子の居住地域が被差別部落だったので、被差別部落の活動家や少年指導員などをキープしました。この子の再犯については、村全体で頑張ってくれました。

執行猶予も取れる間は取りました。執行猶予が絶対取れなくなった三犯目以降は、刑務所に行きましたが、しばらく顔を見ないと思ったら、1年半か2年したら出てきて、にこっと笑って私の事務所に来ます。そして、お礼だと言って、私の事務所の事務員たちにシュークリームやアイスクリームを持ってきま

す。

　しかし、またやります。弁護士ができることはありません。その子がやれば、しょうがないから私はずっとやりますが、いつも成功するとは限りません。しかし、私は失敗しているとも思っていません。事件が終わって刑務所を出たあとに、その子は私の事務所に遊びに来ます。そういう事務所があってもいいと思っています。

　もう一つ、同じようなケースがありましたが、こちらは女性でした。生活保護を受けていますが、万引きします。しかし、これはクレプトマニアではありません。知的能力が低く、規範の認識が弱いという状況の中で、万引きに対する抑止が利きません。子どもが欲しいものを取るのと同じです。

　これは苦労しました。このケースは、私が扱ったのではなく、昔、私のところにいた従業員が扱ってくれました。使い古しの冷蔵庫を探してきて修繕し、そこに食べ物を入れて、できるだけ家計費が安くなるようにしました。生活保護の窓口の人と話をして、お金を一遍に渡すのではなく、「今週の生活費」というかたちで週に1回支給するように工夫しました。そこの生活保護の窓口の人が時々見て回ってくれましたが、同じように何回も万引きをしました。

　これは刑事司法の問題ではなく、社会政策の問題です。こういう人を逮捕し、裁判をして刑務所に入れるのは、税金の無駄遣いです。その辺のところを行刑当局や裁判所がわかってくれないことには、どうしようもありません。ですから、常に成功しているわけではありません。失敗した事例は山ほどあります。

　少年非行の場合は、悪いことをしたからといって、すぐに鑑別所に入れられたりはしません。鑑別所に入れられるのは、非行が深刻化したケースです。重大事件は別ですが、チャリ盗などの軽い事件で、すぐに入れるわけではなく、何回もやって初めて鑑別所へ入れます。また、鑑別所へ入れても、すぐに刑務所には行かせません。処分をせずに（審判）不開始にしたり、保護観察にしたり、試験観察にしたり、いろいろなことをします。

　大阪府では、常識的には2回やれば少年院です。家裁の審判では、「1回目は勘弁するけど、2回目は勘弁しないよ」と割合はっきり言います。

　奈良県は違います。私は、最高4回、鑑別所に入れました。鑑別所に4回入っ

ても、少年院には入っていません。なぜなら、私は家裁で、「少年院の職員よりも、私のほうが一生懸命やりますよ。私に任せてください。だって、前より悪くなっていないじゃないですか」と言います。私がさじを投げたら皆さんに頼みますが、施設に入れるのではなく、自分の力で立ち直ったという充実感を少年に与えたいのです。裁判官は、私がどういうことをやっているかを知っています。試験観察の子どもを事務所に毎週1回来させて勉強を教えたり、少年に就職先を世話したり、何でもやっています。できることを全部やって、どうしてもと言うと、奈良県では認めてくれます。ですから、一種の相場があるようでありません。

　少年事件では、「この子を何とかしてあげたい」と思う子に必ず巡り合います。10人が全員、何とかしてあげたい子ではないかもしれませんが、それでいいです。「ちょっとかわいいな」という動機でもいいです。愛情を注げば、子どもは確実に変わります。不思議なことに、一生懸命やれば、次から次へと知恵が出てきます。

　保護観察のときに、なぜ私は勉強を教えたのか。彼らは、学校に行っても何もわかりません。そんな子どもが、5分、10分、机に座っていられるわけがありません。そうすると、エスケープします。エスケープすれば、悪いことをするに決まっています。ですから、せめて時間内は学校の机に座らせたいわけです。そのために最低限必要なのは、国語の漢字の読み書きと、算数の掛け算と割り算です。また、暗記科目は、試験の前に集中的に特訓します。

　そうすると、今まで0点だった子が30点とか50点を取れます。そのときの喜ぶ顔を見れば報われます。先生たちは冗談で、「おまえ、どないしたんや。カンニングしたのか」と言いますが、「そんなやつこそ、どやしてええ」と言います。そのときの誇らしげな顔で、みんなの努力が報われます。

　事件の中で、自分に直接関係しない人に愛情を注ぐのは、弁護士の基本です。これは民事事件でも同じです。その人が抱えている一生に一度の問題を真剣に捉えることができるかどうかが、弁護士として繁盛するこつです。

　要領がいい人や頭がいい人は、たくさんいます。司法試験は通りますが、そんなに特別な素養がなくても、一生懸命やってください。一生懸命やれば、少

年事件でも、刑事事件でも、民事の家事でも、会社同士の取引でも、依頼者はあなたを必ず説得してくれます。

　そのためには、それが結果として出る仕事の一つとして少年事件をやってみませんか。「生き直し」を求めてという視点で。刑事事件をやってみませんか。更生に資するという視点で。別に「正義」や「人権」なんて言わなくてもいいです。「自分らしい視点で、事件の依頼者に接することを経験してみてはどうですか」というのが私の提案です。

4　弁護人に求められるもの

　最後は、弁護人に求められているものについてです。「なぜ被告人は、犯罪者となってしまったのか。社会矛盾を知ろう。被告人の生活歴を知ろう。被告人の犯した犯罪の結果の悲惨さ、自己の生活歴、生き様について自覚することを促そう。被告人は多面的であり、そこに働き掛けよう。黒田清著『会えて、よかった』の活用」と書きました。

　被告人が多面的というのは、どうにもならない被告人はいないということです。これ以上は考えられないような極悪非道の罪を犯した小林薫でも、そうです。人間には、必ず違った側面があります。小林薫は、原稿用紙1枚に感想文を書いてよこしましたが、涙の跡でびっしょりです。そんな極悪非道の人間が、ここに出てくる物語を読み、涙を流して感想文を書いてきます。あなたの依頼者になるであろう少年や刑事被告人も、そういう側面を必ず持っています。

　その多面性を信頼してください。それを信頼することで、初めて被告人や少年との対話の芽が出ます。対話の芽さえ出てきたら、あとは一生懸命やるだけで十分です。特別な能力は必要ありません。

　ただ、お金だけは期待しないように。やっても、お金は、めったに入ってきません。しかし、お金以上のものを必ず与えてくれます。時間がたっていく中で、その経験をほかの事件で生かしてください。その段階では、確実にお金につながります。35年やっている私が言うのだから間違いありません。長時間、ご清聴どうもありがとうございました。

＊本稿は、「紛争の予防能力と修復能力を備えた法曹養成―プロセスとしての紛争解決に向けて―」（平成19年度文部科学省「専門職大学院教育推進プログラム」）の活動の一環として、2008（平成20）年9月14日に大阪大学中之島センターにおいて開催されたシンポジウム「刑事法における予防と修復～「生き直し」としての刑事司法を目指して～」の基調講演を反訳・収録したものである。

髙野嘉雄略年譜

1946年11月23日	大分県中津市で父・邦雄、母・政子の次男として誕生
1959年3月	川崎市立苅宿小学校卒業
1962年3月	東京都目黒区立第8中学校卒業
1965年3月	東京都立新宿高校卒業
1966年4月	京都大学入学
1971年10月	司法試験合格
1972年3月	京都大学卒業
1972年4月	司法研修所入所（第26期、大津修習）
1974年3月	結婚　翌年3月長女誕生
1974年4月	大阪弁護士会登録、上坂合同法律事務所入所
1978年4月	浅野・髙野法律事務所開設　6月次女誕生
1979年3月	児童福祉法違反事件・無罪判決（大阪家裁）
1980年3月	凶器準備集合罪事件・無罪判決（大阪地裁）
1981年3月	東淀川小学生老女殺害事件・不処分決定（大阪家裁）
1983年12月	恐喝・爆発物取締罰則違反等事件・無罪判決（大阪高裁）
1984年1月	垣端事件・無罪判決（大阪地裁）
1993年4月	奈良弁護士会に登録替え、南都総合法律事務所開設
1996年	奈良HIVネットワーク代表に就任
1997年	奈良弁護士会会長就任　月ヶ瀬事件を担当する
1999年頃	糖尿病に罹る
2000年12月	非現住建造物等放火事件・無罪判決（奈良地裁）
2004年	奈良市小1女児誘拐殺人事件を担当する
2006年4月	日本弁護士連合会副会長に就任
2006年10月	脅迫事件・無罪判決（奈良地裁）
2008年	田原本放火殺人調書漏洩事件を担当する
2009年	骨髄異形成症候群の宣告　奈良県初の裁判員裁判事件を担当する
2011年7月	抗ガン剤治療開始
8月22日	水平社博物館「差別街宣」に対する損害賠償請求事件訴状提出後、記者会見を開く
8月26日	体調不良のため、緊急入院
9月1日	他院（血液内科）へ緊急転院
9月13日	逝去

　大阪弁護士会登録当初より、薬害・公害事件（スモン・植田マンガン）、愛隣センター爆破事件、甲山事件等のえん罪事件、橋のない川第二部上映糾弾闘争事件、八鹿高校差別教育糾弾闘争事件等の公安、労働、差別事件等を担当。奈良弁護士会登録後は差別問題や少年事件等地域に密着した事件も数多く担当した。

（作成：髙野恭子）

●あとがき

(五十音順)

○髙野先生のおかげで、自分が学んできたハイヤードガン的刑事弁護とは、また違った弁護活動を学ぶことができました。ありがとうございました。

(青木啓靖)

○髙野先生が亡くなられたのと私が弁護士登録をしたのはほぼ同時期で、先生のことを直接は知りません。だからこそ、どんな弁護活動をされていたのか知りたい。この本は、先生のことを知らないそんな期待にも応える本だと思います。

(朝岡直美)

○修習のころからお世話になりました。大阪地裁での髙野先生のお言葉を忘れません。刑事弁護も頑張ります。

(皐月宏彰)

○ばしばしっとされたときの手の温かさ、ずっと忘れないと思います。ご縁があって、良かった。

(佐藤朋子)

○髙野先生に直接指導を受けたことはありませんが、これから、先生が残された言葉や書き物、そして髙野先生から多くを学ばれた先生方を通じて、いろいろ教わろうと思っています。

(島田裕次)

○髙野先生、更生に資する刑事弁護、ほんとはめちゃくちゃかっこ悪いですね。泥だらけ鼻水だらけになる弁護ですね。だけど私はそこが好きです。「あとは任せて下さい」って言ったら、「お前にはまだ早い」ってまた言われちゃいますね。でも、ちゃんとやります。

(菅原直美)

○髙野先生のされていた弁護活動の中身を聞き、髙野先生の書かれたものを読んで、髙野先生がどれだけ偉大な方であったかをあらためて知りました。ありがとうございました。

(髙谷政史)

○髙野先生には、「刑事弁護を一生懸命やりたいので、先生の弟子にしてください。」とお願いしたい、と何度も思ったことがありました。

結局、そのような巡り合わせはないまま、亡くなられてしまいましたが、飲み会の酔っぱらった席で、「あなたにはねえ、がんばってほしいの。」と言ってもらったことがあり（髙野先生自身は酔っぱらって覚えてないと思いますが）、とても勇気づけられたのを覚えています。
(田辺美紀)

○楽しそうに飲んでおられた姿が今も思い出されます。
　修習生の頃から、大変お世話になりました。ありがとうございました。
(塚本芳守)

○困難な刑事事件ではいつも、髙野さんにアドバイスをもらっていました。お亡くなりになった後も、「髙野さんだったらどう言ってくれるかな」と考えながら事件にあたっています。きっとこれからも、私が弁護士を続ける限り、そう考えながら事件にあたっていくと思います。弁護士登録最初の５年を髙野さんの近くで過ごせて本当に良かった。ありがとうございました。　(戸城杏奈)

○髙野先生とは修習のときに大勢の中の一人としてお話を聞いただけでした。今回この本の出版にあたり髙野先生の書かれたものを拝見して、もったいないことをしたなと後悔の気持ちで一杯になりました。
　私もそう思われるような弁護士になりたい。頑張ります。　(中谷祥子)

○髙野先生は、諦めない人でした。私が弱音を吐いて、先生に訴えた時、先生は、「それでもオレは諦めない。」と、ぽつっと言われました。その時、先生の苦しさや辛さが、私にも伝わってきました。先生、人間は、多面的なんですね。私も、最近、少しずつ分かってきました。先生のイソ弁になったこと、私の宝にして、これから頑張っていきます。
(福本佳苗)

○大変心の籠ったお気遣いをいただいて、それを思い出すと涙なしには居られません。髙野先生、ありがとうございます。
(松井和弘)

○髙野さんが愛してくれた奈良弁護士会からこの本を届けることができて幸せです。
(宮坂光行)

更生に資する弁護　髙野嘉雄弁護士追悼集

2012年10月10日　第1版第1刷
2013年 2月25日　第1版第2刷

編　者	奈良弁護士会
発行人	成澤壽信
発行所	株式会社現代人文社
	〒160-0004　東京都新宿区四谷2-10 八ッ橋ビル7階
	振替　00130-3-52366
	電話　03-5379-0307（代表）
	FAX　03-5379-5388
	E-Mail　henshu@genjin.jp（編集）／hanbai@genjin.jp（販売）
	Web　http://www.genjin.jp
発売所	株式会社大学図書
印刷所	株式会社ミツワ
装　丁	Malp Design（清水良洋）

検印省略　PRINTED IN JAPAN　ISBN978-4-87798-528-8　C3032
Ⓒ 奈良弁護士会

本書の一部あるいは全部を無断で複写・転載・転訳載などをすること、または磁気媒体等に入力することは、法律で認められた場合を除き、著作者および出版者の権利の侵害となりますので、これらの行為をする場合には、あらかじめ小社宛に承諾を求めてください。